CARNET

DE RECENSEMENTS

OU

RECUEIL DE TABLES ET COMPTES FAITS.

À L'USAGE DE MM. LES EMPLOYÉS DES CONTRI-
BUTIONS INDIRECTES,
DES MARCHANDS DE VINS EN GROS, DES LIQUORISTES ET DES DISTILLA-
TEURS, TRAVAILLANT TOUTES ESPÈCES
DE PRODUITS POUVANT DONNER DE L'ALCOOL.

Le temps c'est de l'argent.
(*Times is Money*).

DEUXIÈME ÉDITION

Soigneusement corrigée.

LILLE,
PUISAYE, LIBRAIRE-ÉDITEUR,
RUE ROYALE, 9.

1855.

V

CARNET

DE

RECENSEMENTS.

OUVRAGES
UTILES AUX EMPLOYÉS DES CONTRIBUTIONS INDIRECTES

Qui se trouvent chez M. PUISAYE, Libraire-Éditeur,

RUE ROYALE, 9, A LILLE.

1° MÉMENTO

A L'USAGE DES EMPLOYÉS DES CONTRIBUTIONS INDIRECTES, PAR J.-B. ADNET ; NOUVELLE ÉDITION ENTIÈREMENT REFONDUE ET CONSIDÉRABLEMENT AUGMENTÉE PAR J. PÉROCHE, Prix, 3 francs (par la poste, 3 francs 50 centimes.)

Cet ouvrage dont plusieurs éditions ont été rapidement enlevées, est, sans contredit, le plus pratique et le plus utile dont un employé puisse se servir, parce qu'il renferme tout ce qui lui est essentiel de connaître dans le service actif. Le contrôleur Péroche, a fait avec le plus grand soin, dans cette nouvelle édition qui vient de paraître sous un format de poche, non seulement de nombreuses modifications, mais encore des additions importantes ; ainsi, outre la correction apportée aux tableaux des contraventions et l'indication des peines en matière de contributions indirectes, outre les différents tarifs, il a encore donné des renseignements utiles sur les répartitions d'amende, les cautionnements, les appointements, les franchises de la correspondance, les retraites, etc., etc.

2° CODES DES CONTRIBUTIONS INDIRECTES OU LOIS ORGANIQUES.

Annotées par SAILLET et OLIBO, dernière édition, prix, 10 f. (par la poste 13 f.)

AVIS IMPORTANT : Je viens d'acheter de l'un des auteurs le reste de cet utile et important ouvrage ; désirant en faciliter l'acquisition, j'en réduis le prix de 12 fr. 50 à 10 fr. et de 16 à 13 fr. par la poste. Les frais de poste 4 fr., ayant souvent été un obstacle à l'achat de ce livre, voici un tableau qui démontre l'avantage d'en prendre plusieurs exemplaires à la fois :

Prix franco : 1 exempl. 13 fr.; 2 exempl. 23 fr.; 3 exempl. 33 fr. 50 ; 4 exempl. 43 fr. 50; 5 exempl. 54 fr. 6 exempl. 64 fr.; 13 exempl. 124 fr.

3° CODE DU MARCHAND EN GROS.

Contenant les droits et les obligations des marchands de boissons en gros, entrepositaires, liquoristes, vinaigriers, bouilleurs, commissionnaires, etc., par J.B. Adnet, — Prix, 1 franc 50 cent. (par la poste, 1 franc 75 centimes).

4° CODE DU DÉBITANT DE BOISSONS.

Contenant la législation qui les concerne, avec des tableaux du droit de détail, de circulation, de consommation, d'entrée, etc., par J.-B. Adnet, Prix, 1 fr. 50 c. (par la poste, 1 fr. 75 c.)

5° TABLEAUX DES CONTRAVENTIONS ET DES PEINES EN MATIÈRE DE CONTRIBUTIONS INDIRECTES.

Par GIRARD et FROMAGE, nouvelle édit. (1855) prix, 3 fr. 75 (par la poste, 4 f. 50)

TOUTE DEMANDE DOIT CONTENIR UN MANDAT SUR LA POSTE.

Lille, Imp. Guermonprez.

CARNET

DE RECENSEMENTS

OU

RECUEIL DE TABLES & COMPTES FAITS.

À L'USAGE DE MM. LES EMPLOYÉS DES CONTRI-
BUTIONS INDIRECTES,
DES MARCHANDS DE VINS EN GROS, DES LIQUORISTES ET DES DISTILLATEURS,
TRAVAILLANT TOUTES ESPÈCES
DE PRODUITS POUVANT DONNER DE L'ALCOOL.

Le temps, c'est de l'argent.
(Times is Money).

DEUXIÈME ÉDITION

Soigneusement corrigée

LILLE,

PUISAYE, LIBRAIRE-ÉDITEUR,

RUE ROYALE, 9.

1855.

Propriété de l'éditeur.

AVERTISSEMENT.

Ces tables, sorte de Barême, œuvre de patience et de méthode, sont destinées à rendre de grands services ; à peine ce livre est connu, et déjà une première édition est épuisée. C'est une preuve de son utilité, c'est qu'il offre aux employés du service actif, une méthode aussi ingénieuse que facile, propre à leur épargner les pertes de temps qu'exigent de longues opérations et de pénibles calculs ; c'est qu'il leur donne le moyen de procéder à leurs vérifications avec un grand degré de perfection, et d'éviter ainsi toute erreur tant au préjudice de l'administration que des imposés.

Ce livre est aussi utile aux marchands de vins et de toutes autres espèces de liquides imposés. Ils pourront s'en servir pour contrôler eux-mêmes les opérations de la Régie et sauvegarder ainsi leurs intérêts.

Les liquoristes et les distillateurs y trouveront des tables attribuées à Gay-Lussac à l'aide desquelles ils pourront reconnaître la richesse en alcool des liquides spiritueux, donnant le nombre de litres d'alcool, à la température de 15 degrés que contiennent 100 litres d'un liquide spiritueux, pour chaque indication de l'alcoomètre, à toutes les températures de 0° à 30 degrés. Ils trouveront enfin, tout fait, le résultat de l'alcool obtenu de la multiplication des spiritueux par leurs degrés.

Cette nouvelle édition dans un format de poche a été corrigée avec soin et beaucoup mieux imprimée.

PUISAYE.

MÉTHODE

POUR RECONNAITRE LE VOLUME DE LIQUIDE RESTANT DANS LES TONNEAUX EN VIDANGE.

Les employés des contributions indirectes éprouvent fréquemment la nécessité d'avoir à leur disposition un moyen certain de reconnaître dans leurs exercices, les quantités précises de boissons restant dans les fûts en vidange, ou le vide de ces mêmes vaisseaux : cette nécessité se fait surtout sentir lorsqu'il s'agit de constater les creux de route au déchargement des navires, ou à l'arrivée des boissons chez les marchands en gros et de procéder aux recensements dans les magasins de ces commerçants.

Pour parvenir à ce but, les employés, à défaut d'autre moyen de vérification, évaluent la situation des vaisseaux par dixièmes de leur capacité, ou croient obtenir un résultat plus exact en se servant de tables qui indiquent la quantité de liquide manquant, suivant le nombre de pouces de creux dans différentes sortes de futailles, comme de 200 à 228, de 500 à 540, de 600 à 650, etc., sans avoir égard à la construction et à la capacité spéciale de ces pièces. Enfin, pour prévenir les erreurs qui naissent toujours de ces procédés, la plupart des employés font remplir les vaisseaux en vidange, autant que peut le permettre l'espèce ou la quantité des boissons.

Ces divers procédés sont vicieux ou occasionnent une perte de temps considérable et sont quelquefois même impraticables; ils donnent aussi lieu à des contestations avec les assujettis, parceque la preuve de l'exactitude des opérations ne peut être produite, et il s'en suit que les employés se trouvent souvent dans la nécessité de revenir sur leur évaluation, de la discuter, d'en augmenter ou d'en réduire le chiffre.

On a pensé qu'il était un moyen de prévenir ces inconvénients, en appliquant aux fûts en vidange de toutes capacités, le rapport proportionnel d'une base connue. En conséquence on a pris un tonneau contenant cent litres; son diamètre au bouge et sous bois était de 47 centimètres, après avoir démonté les douves de la partie supérieure de ce tonneau, et l'avoir assujetti solidement et d'aplomb, on l'a partagé intérieurement dans toute sa longueur et en deux parties égales, par une ligne circulaire; on a ensuite divisé les deux demi fonds inférieurs, y compris la courbure des douves, par cinquante lignes horizontales parallèles, et à égale distance les unes des autres; la même division ayant été faite sur les parois inférieures des douves, au moyen d'une ficelle imprégnée de blanc, et tendue de l'extrémité à l'autre des lignes tracées sur les fonds, on a cubé séparément les solides ou tranches. Cette opération a ensuite été vérifiée par empotement, en ayant soin de reconnaître, au moyen du rapporteur centésimal, le nombre de fractions de litres contenues dans chaque tranche.

Pour exprimer plus clairement ce travail, supposez que, par la réunion des deux parties, le fût dont il s'agit présente cent tranches de 0 mètre 0057 chacune, lesquelles s'étendent d'un fond à l'autre, à l'exception des premières et des dernières qui s'appuient sur la courbure des douves. On reconnaît que la courbure de la première tranche est égale à deux centilitres, qu'elle en vaut huit avec la deuxième, et qu'en y ajoutant la troisième, la solidité ou contenance répond à vingt et un centilitres, et ainsi de suite jusqu'à la cinquantième ou moitié du fût. La même opération établie dans une progression décroissante sur l'autre moitié, fait connaître de degré en degré jusqu'à cent, la contenance totale du fût qui a servi au travail.

En conséquence de ce principe, on a établi la table qui suit, au moyen de laquelle on peut soumettre tout segment de cercle reconnu dans les tonneaux en vidange, soit par le plein soit par le vide, quelle que soit leur longueur ou leur diamètre.

L'opération présentera toujours un résultat exact, toutes les fois que l'enfoncement ou l'épaisseur irrégulière des douves, ne vicieront pas la capacité donnée par des procédés autres que l'empotement.

Cette table graduée sur 0 mètre 0057 dix millimètres, indique d'après les proportions d'un fût de cent litres, la capacité des segments de cercle représentés par le plein ou le vide des tonneaux en vidange.

Divisions ou Flèches.	Capacité des Segments.	Divisions ou Flèches.	Capacité des Segments.	Divisions ou Flèches.	Capacité des Segments.	Divisions ou Flèches.	Capacité des Segments.
1	0002	26	1899	51	5135	76	8329
2	0008	27	2016	52	5270	77	8441
3	0021	28	2136	53	5405	78	8551
4	0041	29	2256	54	5540	79	8658
5	0070	30	2378	55	5675	80	8764
6	0110	31	2502	56	5809	81	8866
7	0158	32	2627	57	5943	82	8966
8	0215	33	2755	58	6076	83	9064
9	0277	34	2880	59	6208	84	9159
10	0345	35	3008	60	6340	85	9251
11	0418	36	3137	61	6472	86	9339
12	0495	37	3266	62	6603	87	9424
13	0576	38	3397	63	6754	88	9505
14	0661	39	3528	64	6863	89	9582
15	0749	40	3660	65	6992	90	9655
16	0841	41	3792	66	7120	91	9723
17	0936	42	3924	67	7247	92	9785
18	1034	43	4057	68	7373	93	9842
19	1134	44	4191	69	7498	94	9890
20	1236	45	4325	70	7622	95	9930
21	1342	46	4460	71	7744	96	9959
22	1449	47	4595	72	7864	97	9979
23	1559	48	4730	73	7984	98	9992
24	1671	49	4865	74	8101	99	9998
25	1784	50	5000	75	8216	100	10000

Pour connaître le nombre de litres restant dans un tonneau en vidange, il faut plonger le mètre perpendiculairement dans la pièce, multiplier par cent le nombre de centimètres mouillés, et diviser le produit par le diamètre pris sous bois. On cherche ensuite dans la table la capacité du segment correspondant pour cent litres au quotient, et on multiplie par la contenance totale de la pièce ; le résultat de cette multiplication indique le nombre de litres restant, en négligeant les quatre chiffres de droite.

Soit un fût de 210 litres dont le diamètre au bouge est de 0 mètre 64 centimètres ; le liquide qu'il contient s'élève à la hauteur de 22 centimètres qui, multipliés par cent et divisés par 64, produisent le nombre 34 ; la capacité du segment correspondant à ce dernier chiffre est : 0,2880, en le multipliant par 2 h. 16 litres, contenance du fût, on obtient un résultat de 0 h. 60,4800. La même opération faite sur le vide donnera un produit de 1 h. 49,5200. Ces deux sommes réunies sont égales à la contenance de la pièce proposée.

Bien que des règles, pour la construction des tonneaux, aient été tracées par une instruction ministérielle de l'an 7, ces vases ont généralement les huit dixièmes de leur longueur intérieure de diamètre au bouge, et les sept dixièmes aux deux fonds ; lorsque ces dimensions n'ont pas été observées, il en résulte que, si les cent divisions qui sont en rapport avec la table ont plus ou moins de surface, par l'écartement ou le rapprochement des fonds, elles ont alors plus ou moins d'épaisseur, et n'en présentent pas moins le même accord du vide au plein.

On a fait tous les essais nécessaires pour obtenir la conviction sur l'exactitude des calculs, et on a acquis la certitude qu'il ne pouvait y avoir d'autre déviation à la règle qui précède, que celle qui proviendrait de fûts dont la longueur et les diamètres auraient entr'eux une disproportion portée à l'excès ; et encore, la différence qui pourrait exister, ne porterait-elle que sur le chiffre des centilitres et dans les premières divisions seulement, de manière qu'elle n'apporterait aucune irrégularité sensible dans le résultat de l'opération.

La jauge et le mètre suffisent pour procéder à ces calculs. Les employés doivent toujours être porteurs de ces instruments. A défaut de ce dernier, l'on pourrait encore se servir d'un bâton sur lequel on aurait tracé des divisions indéterminées, mais d'égales dimensions. Quelques exemples suffiront pour expliquer le rapport de la table avec une échelle linéaire quelconque.

Un fût de 6 hectolitres qui a 85 centimètres de diamètre au bouge, ou 85 divisions régulières quelconques, est plein à la hauteur de 42 centimètres 1/2, c'est-à-dire, que le liquide s'élève jusqu'à moitié du fût. Si l'on veut savoir le rapport existant pour cent litres, quantité qui sert toujours de base entre ces divisions et celles qui y correspondent dans la table, on demandera par cette proportion : Si de 85 divisions, 42 1/2 sont mouillées, combien y en aurait-il eu de plongées dans le liquide si l'on se fût servi d'une échelle qui aurait marqué cent divisions au diamètre ? Solution 50.

Supposons maintenant que ces 85 divisions soient des centimètres ; qu'on les augmente ou réduise de manière à en faire 120 ou seulement 42 1/2 ; et disons, si un diamètre de 120 divisions donne 60 divisions mouillées, ou si 42 1/2 donne 21 1/4, combien pour un hectolitre 100 divisions donneraient-elles ? Solution 50.

Encore un autre exemple : Un vaisseau de 2 h. 26 litres dont le diamètre est de 63 divisions d'une échelle quelconque, contient du liquide qui s'élève à 46 divisions 1/2 ; demandons combien donnerait de divisions ce même diamètre, si l'on se fut servi d'une échelle qui aurait marqué 480 degrés au lieu de celle qui en indique seulement 63 ? Solution 73,51,63 (ou 74).

Ainsi l'on voit par les exemples qui précèdent que pour le premier fût :

42,50 : 85 }
60, : 120 } Comme 50 est à 100.
21,25 : 42 50 }

Et pour le second fût :
46,50 ; 63 : : 74 : 100.

Il ne reste plus qu'à reconnaître par la table de correspondance, la contenance des segments sur lesquels il a été opéré. Dans le premier fût, une flèche de 42 1/2, de 60 ou de 21 1/4 qui est en rapport avec le diamètre connu, comme 50 est à 100, indique que pour 1 hectolitre, ce rapport est égal à 50 litres, et que pour 6 h. 00, il est de 3 h. 00.

Dans le dernier exemple, une flèche de 46 divisions 1/2 équivalant au diamètre 63, comme 73,51,63 (74) est à 100, indique que le rapport pour un hectolitre est égal à 0,81, et que pour 2 h. 25 il est de 1 h. 83.

On pense que les explications qui précèdent suffiront pour démontrer l'efficacité du moyen proposé pour obtenir des résultats positifs dans l'évaluation du liquide restant dans les fûts en vidange ; c'est surtout par l'usage de ces calculs qu'il sera facile de se convaincre de leur efficacité.

Des employés supérieurs de l'administration qui ont été à même d'en faire l'application, ont donné leurs suffrages à la méthode qui précède, et c'est ce qui a déterminé l'employé qui en est l'auteur à la publier dans l'intérêt de la Régie et des contribuables ; il l'a fait surtout dans le but d'épargner un temps précieux aux employés du service actif et de leur donner les moyens de procéder à leurs vérifications avec un degré de perfection qui leur manquait encore.

Cette méthode, quoique précieuse sous bien des rapports, laissait encore beaucoup à désirer ; les calculs qu'exige son application immédiate dans les magasins, demandent encore beaucoup de temps d'application, puisque pour chaque fût il est indispensable de faire plusieurs règles de calculs : les deux tableaux qui suivent ont pour but de rendre les opérations encore plus promptes et d'aplanir toutes les difficultés.

Le premier présente, pour toute espèce de vaisseaux, le chiffre à multiplier par la contenance totale des fûts, pour déterminer la quantité de liquide qui y est contenu. Les nombres placés en tête des colonnes indiquent le nombre de centimètres mouillés, c'est-à-dire la hauteur du liquide. Ceux de la deuxième colonne perpendiculaire donnent la hauteur totale du diamètre sous bois. Un seul exemple suffira pour faire connaître l'usage de ce tableau : Un fût de 6 h. 20 litres ayant un diamètre de 87 centimètres, est plein de liquide jusqu'à la hauteur de 33 centimètres. On cherche d'abord ce dernier chiffre dans la ligne horizontale, et l'on descend ensuite jusque

vis-à-vis le nombre 87 où l'on trouve le chiffre 3985 qui, multiplié par la contenance du fût, nous donne la quantité de liquide restant à la hauteur indiquée ci-dessus.
Dans le second tableau on a cherché à abréger encore le travail, mais seulement pour les fûts d'une contenance adoptée le plus généralement dans le commerce, ainsi que pour les pipes d'esprit venant du midi. L'ordre adopté pour ce tableau est à peu près le même que celui suivi dans le premier. Les calculs faits pour chaque contenance embrassent les diamètres les plus généralement adoptés dans la contenance des futailles. On rencontrera peu de cas où l'on ne puisse en faire l'application.

PREMIÈRE TABLE.

MOUILLÉ	1	2	3	4	5	6	7	8	9	10	11	12	13	14	15	16	17	18	19	20
41	15	65	175	350	510	710	935	1185	1440	1715	1990	2280	2585	2895	3215	3550	3845	4175	4500	4850
42	15	60	165	315	490	680	905	1140	1385	1645	1920	2200	2495	2795	3110	3405	3720	4055	4385	4675
43	12	55	155	300	470	655	870	1095	1355	1585	1850	2120	2410	2695	3005	3285	3595	3905	4215	4525
44	12	55	150	280	450	650	835	1050	1295	1525	1780	2045	2320	2605	2905	3175	3475	3780	4085	4385
45	11	50	140	265	425	605	800	1010	1255	1470	1715	1970	2240	2515	2810	3075	3360	3660	3960	4245
46	11	50	130	255	405	580	770	970	1190	1420	1655	1905	2165	2425	2715	2975	3255	3545	3855	4115
47	10	45	125	245	390	555	740	930	1150	1370	1600	1845	2095	2345	2625	2885	3155	3435	3715	3990
48	10	45	120	235	375	535	715	900	1110	1320	1550	1785	2025	2270	2535	2795	3060	3350	3605	3875
49	09	40	115	225	360	515	685	870	1070	1275	1500	1725	1960	2200	2455	2710	2970	3250	3495	3765
50	09	40	110	215	345	495	660	840	1030	1235	1450	1670	1900	2135	2380	2625	2880	3135	3395	3660
51	08	39	105	205	330	475	635	815	995	1195	1400	1605	1840	2065	2305	2540	2790	5040	3295	3550
52	08	37	100	200	320	455	610	790	965	1155	1355	1565	1785	2005	2235	2465	2710	2955	3200	3450
53	07	36	95	190	305	440	580	760	935	1120	1310	1515	1730	1940	2175	2395	2650	2875	3115	3365
54	07	35	90	185	295	425	570	735	905	1085	1270	1470	1675	1880	2115	2330	2560	2795	3030	3265
55	07	34	85	175	285	410	550	710	875	1050	1250	1450	1625	1835	2055	2265	2490	2715	2950	3180
56	05	33	80	165	275	400	535	685	845	1020	1195	1390	1580	1775	1995	2205	2420	2640	2875	3100
57	06	31	75	160	270	390	515	665	820	985	1160	1345	1535	1725	1930	2145	2355	2570	2795	3020
58	06	29	75	155	265	380	500	645	795	955	1130	1305	1495	1680	1875	2090	2295	2505	2720	2940
59	06	28	75	150	255	365	485	625	770	925	1095	1265	1450	1635	1830	2050	2235	2440	2650	2865
60	06	27	70	140	245	345	470	605	750	900	1065	1235	1410	1590	1785	1970	2175	2380	2585	2795
61	06	26	68	135	230	335	455	589	725	875	1035	1200	1370	1545	1735	1920	2115	2320	2520	2725
62	06	25	65	130	220	325	440	570	705	850	1005	1165	1335	1505	1685	1875	2065	2255	2455	2655
63	05	24	63	125	210	315	425	550	685	825	980	1135	1300	1465	1645	1850	2010	2205	2395	2600
64	05	23	60	120	200	305	410	535	665	805	955	1105	1270	1450	1605	1785	1960	2150	2340	2530
65	05	22	58	115	195	295	400	520	645	780	925	1075	1235	1395	1565	1740	1915	2100	2285	2470

DIAMÈTRE DES FUTAILLES.

MOUILLÉ.	1	2	3	4	5	6	7	8	9	10	11	12	13	14	15	16	17	18	19	20
66	05	21	55	110	190	285	390	505	630	760	895	1030	1200	1365	1530	1695	1870	2050	2230	2415
67	04	20	54	110	185	275	380	490	610	740	875	1025	1170	1350	1490	1655	1825	2000	2180	2360
68	04	19	52	105	175	265	365	475	595	720	865	1000	1145	1395	1465	1620	1785	1955	2130	2305
69	04	19	49	105	170	255	355	460	580	700	855	975	1115	1265	1420	1580	1740	1910	2080	2250
70	04	18	47	100	165	245	345	450	560	680	815	950	1085	1255	1390	1545	1700	1870	2030	2200
71	04	18	46	95	160	255	335	440	545	665	795	925	1060	1200	1355	1505	1660	1825	1985	2155
72	04	17	46	92	155	225	325	430	530	650	775	900	1035	1170	1320	1470	1625	1780	1940	2110
73	04	17	45	90	150	220	315	415	520	635	765	880	1015	1140	1290	1440	1590	1740	1900	2065
74	04	17	43	88	147	215	305	400	505	615	735	860	990	1115	1260	1405	1550	1700	1860	2020
75	04	16	41	84	144	210	295	390	495	600	715	840	965	1095	1230	1375	1515	1660	1825	1975
76	04	16	40	80	140	205	290	380	485	585	695	820	945	1075	1205	1345	1485	1620	1785	1935
77	03	16	39	77	135	200	280	370	470	570	680	800	925	1050	1180	1310	1455	1590	1745	1895
78	03	15	38	74	130	195	270	360	455	555	665	780	905	1025	1155	1280	1425	1560	1705	1855
79	03	15	37	72	126	190	265	350	445	545	650	765	885	1005	1130	1255	1395	1525	1675	1820
80	03	14	36	70	122	185	260	345	435	535	635	750	865	9 5	1110	1255	1370	1505	1635	1785
81	03	14	55	69	118	180	250	335	425	525	620	730	845	960	1085	1210	1340	1470	1605	1750
82	03	13	34	67	114	175	245	330	415	515	605	710	825	940	1060	1185	1310	1440	1570	1710
83	03	13	33	65	110	170	240	325	405	500	595	695	810	920	1040	1160	1280	1410	1540	1675
84	03	13	32	63	107	165	235	315	395	485	580	680	790	900	1020	1135	1255	1385	1510	1645
85	03	13	31	61	105	160	227	305	385	475	570	665	775	880	1000	1115	1250	1360	1480	1615
86	03	12	30	60	102	155	220	300	375	465	560	655	760	865	980	1095	1210	1350	1455	1590
87	02	12	29	58	99	150	210	290	365	455	545	640	745	845	960	1075	1185	1305	1450	1560
88	02	12	28	56	96	146	200	285	355	445	535	625	730	850	940	1055	1165	1280	1405	1530
89	02	11	28	54	94	143	195	280	350	435	525	615	715	815	920	1035	1145	1255	1380	1500
90	02	11	27	52	92	140	190	275	345	425	515	605	700	800	905	1015	1125	1235	1355	1470

DIAMÈTRE DES FUTAILLES.	MOUILLE.	21	22	23	24	25	26	27	28	29		30	31	32	33	34	35	36	37	38	39	40
	41	5165	5490	5820	6145	6465	6785	7095	7410	7710		8000	8285	8555	8815	9065	9275	9505	9660	9830	9965	9985
	42	5000	5320	5650	5960	6280	6590	6895	7200	7510		7800	8080	8350	8615	8855	9085	9310	9495	9680	9850	9920
	43	4855	5155	5465	5780	6095	6395	6700	7000	7310		7600	7875	8150	8415	8660	8895	9120	9330	9550	9740	9830
	44	4685	5000	5305	5610	5920	6215	6515	6810	7115		7400	7675	7950	8215	8465	8705	8935	9165	9370	9550	9720
	45	4540	4850	5150	5440	5740	6040	6340	6620	6920		7220	7480	7760	8020	8270	8520	6750	6985	9195	9385	9575
	46	4410	4705	5000	5290	5580	5865	6170	6440	6740		7020	7295	7570	7825	8080	8535	8570	8810	9020	9220	9420
	47	4285	4570	4850	5140	5430	5705	6000	6275	6565		6840	7115	7380	7645	7905	8150	8390	8625	8850	9060	9260
	48	4160	4435	4710	5000	5285	5550	5840	6115	6395		6665	6940	7200	7460	7725	7970	8210	8445	8675	8895	9090
	49	4040	4319	4580	4865	5140	5405	5685	5960	6230		6500	6770	7025	7285	7550	7795	8035	8270	8500	8720	8925
	50	3920	4190	4460	4730	5000	5270	5540	5810	6075		6340	6605	6865	7120	7375	7620	7865	8100	8330	8550	8765
	51	3810	4075	4345	4600	4865	5135	5395	5660	5920		6185	6445	6700	6955	7200	7450	7690	7930	8160	8380	8600
	52	3705	3965	4230	4475	4735	5000	5260	5520	5775		6055	6285	6540	6790	7035	7285	7525	7760	7990	8210	8435
	53	3605	3860	4115	4355	4615	4865	5125	5385	5635		5895	6130	6385	6635	6880	7120	7360	7595	7825	8040	8270
	54	3505	3760	4005	4240	4500	4740	5000	5255	5500		5755	5990	6235	6485	6730	6965	7205	7435	7660	7880	8105
	55	3415	3660	3900	4135	4385	4625	4875	5125	5365		5620	5855	6095	6340	6580	6815	7050	7280	7505	7725	7950
	56	3325	3565	5800	4035	4275	4515	4755	5000	5235		5480	5720	5960	6200	6435	6665	6900	7130	7355	7570	7795
	57	3245	3475	3705	3935	4165	4405	4635	4880	5115		5350	5580	5825	6060	6290	6520	6750	6975	7205	7415	7640
	58	3165	3385	3610	3855	4055	4290	4525	4760	5000		5225	5400	5690	5925	6150	6380	6600	6825	7055	7270	7485
	59	3085	3300	3520	3740	3960	4190	4420	4650	4880		5110	5335	5560	5795	6020	6245	6465	6685	6910	7125	7335
	60	3010	3220	3440	3660	3875	4105	4325	4545	4775		5000	5220	5445	5675	5895	6120	6340	6555	6775	6990	7200
	61	2955	3145	3355	3575	3785	4010	4225	4445	4665		4885	5110	5330	5555	5770	5995	6210	6425	6640	6855	7065
	62	2860	3070	3275	3490	3700	3920	4130	4345	4560		4780	5000	5220	5435	5650	5870	6085	6295	6506	6720	6930
	63	2795	2995	3200	3410	3615	3850	4035	4250	4460		4680	4895	5110	5325	5535	5750	5960	6170	6380	6590	6795
	64	2730	2925	3130	3550	3535	3745	3945	4155	4365		4580	4790	5000	5210	5420	5630	5840	6050	6255	6460	6665
	65	2665	2860	3000	3255	3465	3660	3860	4065	4270		4480	4690	4895	5105	5310	5520	5725	5930	6135	6340	6540

MOUILLÉ.	21	22	23	24	25	26	27	28	29	30	31	32	33	34	35	36	37	38	39	40
66	2605	2795	2990	3185	3380	3580	3780	3980	4180	4385	4590	4795	5000	5205	5410	5610	5815	6020	6220	6420
67	2545	2730	2920	3115	3305	3505	5700	3895	4090	4295	4495	4700	4900	5100	5305	5505	5705	5905	6100	6300
68	2485	2670	2855	3045	3235	3430	3620	3810	4005	4205	4405	4605	4800	5000	5200	5400	5595	5795	5990	6185
69	2430	2610	2790	2980	3165	3355	3545	3735	3925	4120	4320	4515	4705	4905	5100	5295	5490	5685	5880	6070
70	2380	2555	2735	2915	3100	3285	3470	3660	3850	4040	4235	4425	4615	4810	5000	5195	5385	5575	5770	5960
71	2325	2500	2675	2855	3035	3215	3400	3585	3770	3955	4140	4335	4525	4715	4905	5095	5285	5470	5665	5855
72	2275	2445	2620	2795	2975	3150	3330	3510	3690	3875	4060	4250	4140	4625	4815	5000	5185	5370	5560	5750
73	2225	2390	2565	2755	2915	3085	3265	3445	3620	3800	3985	4170	4555	4535	4725	4905	5090	5275	5460	5645
74	2180	2340	2510	2680	2855	3025	3200	3380	3550	3730	3910	4090	4270	4450	4635	4815	5000	5180	5360	5545
75	2135	2295	2460	2625	2795	2965	3135	3310	3485	3660	3840	4015	4190	4565	4550	4725	4910	5090	5270	5450
76	2090	2250	2410	2570	2740	2910	3075	3254	3420	3590	3770	3910	4110	4285	4465	4640	4820	5000	5180	5355
77	2050	2205	2360	2520	2685	2850	3015	3185	3350	3520	3695	3825	4035	4210	4385	4560	4735	4910	5090	5260
78	2010	2160	2310	2470	2635	2795	2950	3125	3285	3455	3625	3795	3965	4155	4310	4480	4655	4825	5000	5170
79	1970	2115	2265	2425	2585	2740	2905	3065	3225	3390	3560	3725	3895	4060	4255	4400	4575	4740	4915	5085
80	1930	2075	2235	2380	2535	2690	2850	3010	3170	3330	3495	3660	5825	3990	4160	4325	4495	4660	4830	5000
81	1990	2040	2180	2330	2485	2550	2795	2955	3110	3270	3430	3595	3775	3920	4085	4255	4415	4580	4750	4915
82	1855	2000	2140	2285	2435	2580	2745	2900	3050	3210	3370	3550	3690	3850	4015	4180	4340	4505	4670	4835
83	1820	1960	2100	2240	2390	2535	2695	2845	2995	3155	3310	3165	3625	3785	3945	4105	4265	4430	4590	4755
84	1785	1920	2060	2200	2345	2495	2645	2795	2945	3100	3250	3405	5560	3720	3880	4035	4195	4355	4515	4680
85	1750	1885	2020	2165	2300	2450	2595	2745	2890	3045	3195	3350	3500	3655	3815	3970	4125	4280	4440	4605
86	1715	1850	1985	2120	2260	2410	2550	2695	2840	2990	3140	3290	3445	3595	3750	3905	4060	4210	4370	4530
87	1685	1815	1950	2080	2225	2555	2505	2650	2790	2940	5090	3235	3385	3535	3690	3840	3995	4145	4300	4460
88	1655	1780	1915	2045	2185	2520	2460	2605	2745	2890	3040	3180	3330	3480	3630	3780	3930	4080	4230	4390
89	1625	1750	1880	2005	2145	2280	2420	2560	2690	2840	2985	3130	3275	3420	3570	3720	3865	4015	4165	4320
90	1595	1720	1845	1970	2105	2240	2380	2545	2555	2705	2935	3080	3220	3365	3510	3660	3805	3955	4100	4250

DIAMÈTRE DES FUTAILLES.

— 16 —

MOUILLÉ.	41	42	43	44	45	46	47	48	49
41									
42	9985								
43	9940	9990							
44	9850	9940	9990						
45	9730	9855	9945	9990					
46	9590	9745	9865	9950	9990				
47	9440	9605	9755	9870	9950	9990			
48	9290	9465	9625	9765	9880	9955	9990		
49	9125	9315	9485	9640	9775	9885	9955	9990	
50	8965	9160	9340	9505	9655	9785	9890	9960	9990
51	8800	9000	9190	9360	9520	9670	9795	9895	9960
52	8640	8840	9035	9215	9390	9549	9690	9805	9890
53	8490	8690	8880	9065	9245	9410	9550	9695	9815
54	8320	8520	8725	8915	9100	9270	9425	9570	9740
55	8100	8370	8565	8765	8945	9125	9290	9445	9590
56	8010	8215	8415	8610	8805	8980	9150	9310	9405
57	7855	8065	8265	8460	8650	8835	9010	9175	9335
58	7705	7915	8115	8305	8505	8690	8870	9040	9205
59	7560	7765	7970	8165	8365	8545	8725	8900	9070
60	7410	7620	7820	8020	8215	8405	8585	8765	8930
61	7270	7480	7680	7880	8070	8265	8445	8625	8795
62	7155	7340	7540	7740	7930	8125	8305	8485	8660
63	7000	7200	7400	7600	7795	7985	8170	8350	8525
64	6865	7065	7265	7465	7660	7850	8035	8215	8390
65	6740	6935	7135	7335	7525	7715	7900	8080	8255

— 17 —

50	51	52	53	54	55	56	57	58	59	60
9995										
9960	9995									
9905	9965	9995								
9820	9910	9965	9995							
9720	9820	9910	9965	9995						
9605	9725	9830	9915	9965	9995					
9480	9615	9735	9840	9920	9965	9995				
9355	9500	9630	9740	9845	9925	9965	3995			
9230	9375	9515	9640	9755	9850	9925	9970	9995		
9095	9250	9390	9550	9635	9760	9860	9930	9970	9995	
9000	9120	9270	9410	9540	9655	9765	9855	9915	9970	9995
8830	8995	9150	9295	9430	9555	9675	9780	9865	9935	9975
8695	8860	9020	9170	9310	9440	9570	9680	9785	9865	9935
8565	8735	8890	9045	9190	9330	9465	9585	9705	9795	9875
8450	8595	8760	8920	9085	9240	9350	9465	9595	9700	9795

DIAMÈTRE DES FUTAILLES.

DIAMÈTRE DES FUTAILLES.	MOUILLÉ.	41	42	43	44	45	46	47	48	49
	66	6620	6815	7010	7205	7395	7585	7770	7950	8125
	67	6500	6690	6885	7070	7265	7455	7640	7820	8000
	68	6380	6570	6765	6955	7140	7325	7510	7695	7875
	69	6270	6455	6645	6835	7020	7200	7385	7565	7745
	70	6160	6345	6530	6715	6900	7080	7260	7440	7620
	71	6045	6230	6415	6600	6785	6965	7145	7320	7500
	72	5935	6120	6305	6485	6670	6850	7030	7205	7380
	73	5830	6015	6195	6375	6555	6735	6910	7085	7260
	74	5730	5910	6090	6270	6445	6620	6795	6970	7145
	75	5650	5805	5985	6165	6340	6515	6685	6860	7030
	76	5530	5705	5880	6060	6235	6410	6580	6750	6920
	77	5435	5610	5785	5960	6135	6305	6475	6645	6810
	78	5345	5520	5695	5865	6035	6205	6375	6540	6705
	79	5255	5430	5600	5765	5935	6105	6270	6440	6605
	80	5170	5340	5505	5670	5840	6005	6170	6340	6505
	81	5085	5250	5415	5580	5745	5910	6080	6240	6405
	82	5000	5165	5330	5490	5655	5820	5985	6145	6305
	83	4920	5080	5245	5405	5570	5730	5895	6050	6210
	84	4840	5000	5160	5320	5485	5640	5805	5955	6120
	85	4760	4920	5085	5245	5400	5555	5715	5865	6030
	86	4685	4840	5000	5155	5315	5470	5625	5780	5940
	87	4610	4765	4920	5075	5230	5385	5540	5695	5850
	88	4535	4690	4845	5000	5150	5305	5455	5615	5765
	89	4460	4620	4770	4925	5075	5225	5375	5530	5680
	90	4390	4540	4695	4850	5000	5150	5295	5450	5595

50	51	52	53	54	55	56	57	58	59	60
8295	8465	8650	8795	8945	9005	9235	9365	9490	9610	9720
8170	8340	8505	8665	8820	8970	9115	9255	9390	9505	9620
8045	8215	8380	8540	8700	8850	9000	9145	9275	9400	9520
7920	8090	8255	8415	8575	8730	8880	9025	9160	9290	9415
7795	7970	8135	8295	8455	8610	8765	8910	9050	9185	9315
7670	7840	8010	8175	8335	8490	8645	8790	8935	9070	9205
7550	7715	7885	8055	8215	8570	8525	8675	8820	8960	9095
7430	7600	7770	7935	8095	8250	8405	8555	8700	8845	8980
7315	7490	7655	7820	7980	8135	8290	8440	8585	8750	8870
7200	7375	7540	7705	7865	8020	8175	8325	8475	8620	8760
7090	7260	7425	7590	7750	7905	8060	8215	8370	8510	8655
6980	7145	7310	7475	7635	7790	7950	8100	8255	8400	8545
6870	7035	7200	7360	7520	7680	7840	7990	8140	8290	8430
6770	6950	7095	7255	7415	7570	7730	7880	8050	8180	8325
6670	6830	6990	7150	7310	7465	7620	7775	7925	8075	8215
6565	6730	6890	7045	7205	7360	7510	7665	7815	7965	8110
6465	6650	6790	6945	7100	7255	7405	7560	7710	7860	8005
6370	6535	6690	6845	7000	7150	7305	7455	7605	7755	7900
6275	6435	6590	6745	6900	7050	7205	7355	7500	7650	7795
6180	6340	6495	6645	6800	6955	7105	7255	7400	7550	7695
6090	6245	6400	6550	6705	6860	7005	7155	7300	7450	7595
6000	6155	6305	6460	6610	6765	6910	7055	7205	7350	7495
5915	6065	6215	6370	6515	6665	6815	6960	7110	7250	7400
5830	5980	6130	6280	6425	6575	6720	6865	7010	7155	7300
5745	5895	6040	6190	6340	6485	6650	6775	6915	7060	7205

MOUILLÉ	61	62	63	64	65	66	67	68	69	70	71	72	73	74	75	76	77	78	79	80
61																				
62	9995																			
63	9975	9995																		
64	9935	9975	9995																	
65	9890	9940	9975	9995																
66	9820	9885	9940	9975	9995															
67	9725	9810	9890	9945	9980	9995														
68	9630	9735	9820	9895	9945	9980	9995													
69	9530	9640	9745	9830	9900	9950	9980	9995												
70	9430	9545	9655	9750	9855	9900	9950	9980	9995											
71	9330	9450	9560	9660	9755	9840	9905	9955	9980	9995										
72	9230	9345	9465	9570	9670	9760	9845	9910	9955	9980	9995									
73	9120	9245	9360	9480	9585	9680	9770	9850	9910	9955	9980	9995								
74	9010	9140	9260	9380	9505	9595	9690	9780	9855	9915	9955	9980	9995							
75	8900	9035	9160	9280	9400	9510	9605	9700	9785	9855	9915	9960	9985	9995						
76	8790	8925	9055	9180	9300	9410	9515	9615	9710	9790	9860	9920	9960	9985	9995					
77	8680	8815	8945	9075	9200	9315	9425	9530	9625	9720	9800	9865	9920	9960	9985	9995				
78	8570	8705	8840	8970	9095	9210	9330	9440	9540	9635	9725	9805	9870	9925	9960	9985	9995			
79	8465	8600	8735	8865	8995	9110	9235	9340	9450	9550	9645	9730	9815	9870	9925	9965	9985	9995		
80	8360	8495	8630	8765	8890	9015	9135	9250	9355	9465	9560	9650	9740	9815	9875	9930	9965	9985	9995	
81	8255	8390	8525	8660	8790	8915	9035	9155	9265	9375	9475	9570	9660	9745	9820	9880	9930	9965	9985	9995
82	8150	8285	8420	8555	8685	8810	8935	9055	9170	9280	9390	9490	9580	9670	9750	9825	9885	9935	9965	9985
83	8045	8180	8315	8455	8585	8710	8835	8955	9075	9190	9300	9405	9500	9590	9680	9755	9830	9890	9935	9965
84	7940	8080	8215	8350	8480	8610	8740	8860	8980	9095	9210	9310	9420	9510	9600	9685	9760	9835	9895	9935
85	7835	7975	8115	8250	8380	8510	8640	8765	8885	9000	9115	9225	9325	9430	9520	9610	9695	9770	9840	9895

MOUILLÉ.	61	62	63	64	65	66	67	68	69	70
DIAMÈTRE DES FUTAILLES. 86	7735	7875	8015	8150	8280	8410	8540	8665	8790	8910
87	7655	7775	7915	8050	8180	8310	8440	8570	8690	8810
88	7555	7675	7815	7950	8080	8215	8340	8470	8595	8710
89	7440	7580	7715	7855	7985	8120	8245	8375	8500	8620
90	7340	7480	7620	7755	7890	8025	8150	8280	8405	8525

MOUILLÉ.	71	72	73	74	75	76	77	78	79	80
DIAMÈTRE DES FUTAILLES. 86	9020	9130	9240	9335	9440	9530	9615	9705	9780	9845
87	8925	9035	9150	9255	9350	9450	9540	9625	9715	9785
88	8830	8945	9055	9165	9290	9370	9465	9550	9655	9720
89	8740	8850	8965	9075	9180	9290	9385	9475	9560	9650
90	8645	8760	8875	8980	9095	9210	9300	9395	9485	9575

MOUILLÉ.	81	82	83	84	85	86	87	88	89
DIAMÈTRE DES FUTAILLES. 81									
82	9995								
83	9985	9995							
84	9970	9985	9995						
85	9940	9970	9985	9995					
86	9895	9940	9970	9985	9995				
87	9845	9895	9940	9970	9985	9995			
88	9785	9845	9900	9940	9970	9985	9995		
89	9725	9790	9850	9905	9945	9970	9985	9995	
90	9655	9730	9795	9855	9915	9945	9970	9985	9995

SECONDE TABLE.

VAISSEAUX DE 106 LITRES D'UN DIAMÈTRE DE									
HAUTEUR du liquide	48	49	50	51	HAUTEUR du liquide	48	49	50	51
1	«,1	«,1	«,1	«,1	27	61.9	60.3	58.9	57.5
2	«,5	«,4	«,4	«,4	28	64.8	63.2	61.6	60.4
3	1.3	1.2	1.2	1.1	29	67.7	66.1	64.4	63.2
4	2.5	2.3	2.2	2.1	30	70.6	68.9	67.2	65.8
5	4.0	3.8	3.6	3.5	31	73.5	71.7	70.0	68.5
6	5.7	5.5	5.2	5.0	32	76.4	74.5	72.8	71.2
7	7.6	7.3	7.0	6.7	33	79.2	77.3	75.5	73.9
8	9.6	9.2	8.9	8.6	34	81.9	80.0	78.2	76.5
9	11.8	11.5	10.9	10.6	35	84.5	82.7	80.8	79.1
10	14.1	13.6	13.1	12.7	36	87.0	85.2	83.4	81.6
11	16.5	15.9	15.4	14.9	37	89.5	87.7	85.9	84.1
12	19.0	18.3	17.7	17.2	38	91.9	90.1	88.3	86.5
13	21.5	20.8	20.1	19.5	39	94.2	92.4	90.6	88.8
14	24.1	23.3	22.6	21.9	40	96.4	94.7	92.9	91.1
15	26.8	26.0	25.2	24.4	41	98.4	96.8	95.1	93.3
16	29.6	28.7	27.8	26.9	42	100.3	98.7	97.1	95.4
17	32.5	31.5	30.5	29.5	43	102.0	100.5	99.0	97.4
18	35.4	34.3	33.2	32.1	44	103.5	102.2	100.8	99.3
19	38.3	37.1	36.0	34.8	45	104.7	103.7	102.4	101.0
20	41.2	39.9	38.8	37.5	46	105.5	104.8	103.8	102.5
21	44.1	42.8	41.6	40.2	47	105.9	105.6	104.8	103.9
22	47.0	45.7	44.4	43.0	48	106.0	105.9	105.6	104.9
23	50.0	48.5	47.1	45.8	49	«	106.0	105.9	105.6
24	53.0	51.5	50.0	48.6	50	«	«	106.0	105.9
25	56.0	54.5	53.0	51.5	51	«	«	«	106.0
26	59.0	57.5	56.0	54.5					«

VAISSEAUX DE 110 LITRES D'UN DIAMÈTRE DE :

HAUTEUR du liquide	49	50	51	52	HAUTEUR du liquide	49	50	51	52
1	«.1	«.1	«.1	«.1	27	62.6	60.9	59.4	57.9
2	«.4	«.4	«.4	«.4	28	65.6	63.9	62.2	60.8
3	1.3	1.2	1.2	1.1	29	68.6	66.9	65.2	63.5
4	2.5	2.4	2.3	2.2	30	71.6	69.7	68.1	66.4
5	4.0	3.8	3.6	3.5	31	74.5	72.7	70.9	69.2
6	5.7	5.4	5.2	5.0	32	77.3	75.5	73.8	72.0
7	7.5	7.3	7.0	6.7	33	80.2	78.3	76.5	74.8
8	9.6	9.3	9.0	8.7	34	83.0	81.4	79.3	77.5
9	11.8	11.4	11.0	10.6	35	85.8	83.8	82.0	80.2
10	14.0	13.6	13.1	12.7	36	88.4	86.5	84.6	82.9
11	16.5	16.0	15.4	14.9	37	91.0	89.1	87.3	85.4
12	19.0	18.4	17.8	17.2	38	93.5	91.6	89.8	88.0
13	21.6	20.9	20.2	19.6	39	96.0	94.0	92.2	90.4
14	24.2	23.5	22.7	22.0	40	98.2	96.4	94.6	92.8
15	27.0	26.2	25.4	24.1	41	100.4	98.8	96.9	95.1
16	29.8	28.9	28.0	27.0	42	102.5	100.7	99.0	97.3
17	32.7	31.7	30.7	29.8	43	104.3	102.7	101.0	99.4
18	35.5	34.5	33.5	32.5	44	106.0	104.6	103.0	101.3
19	38.4	37.3	36.2	35.2	45	107.5	106.2	104.8	103.3
20	41.4	40.2	39.1	38.0	46	108.7	107.6	106.4	105.0
21	44.4	43.1	41.9	40.8	47	109.6	108.8	107.7	106.5
22	47.4	46.1	44.8	43.6	48	109.9	109.6	108.8	107.8
23	50.4	49.1	47.8	46.5	49	110.0	109.9	109.6	108.9
24	53.5	52.0	50.6	49.2	50	«	110.0	109.9	109.6
25	56.5	55.0	53.5	52.1	51	«	«	110.0	109.0
26	59.6	58.0	56.5	55.0	52	«	«	«	110.0

VAISSEAUX DE 114 LITRES D'UN DIAMÈTRE DE :

HAUTEUR du liquide	50	51	52	53	HAUTEUR du liquide	50	51	52	55
1	«.1	«.1	«.1	«.1	8	9.6	9.3	9.0	8.7
2	«.5	«.4	«.4	«.4	9	11.7	11.3	11.0	10.7
3	1.3	1.2	1.2	1.1	10	14.0	13.6	13.2	12.8
4	2.5	2.4	2.3	2.2	11	16.5	16.0	15.5	15.0
5	3.9	3.8	3.6	3.5	12	19.0	18.5	17.8	17.3
6	5.6	5.4	5.2	5.0	13	21.7	21.0	20.3	19.7
7	7.5	7.2	7.0	6.7	14	24.5	23.6	22.9	22.1

VAISSEAUX DE 114 LITRES D'UN DIAMÈTRES DE :

HAUTEUR du liquide	50	51	52	53	HAUTEUR du liquide	50	51	52	53
15	27.1	26.3	25.5	24.6	35	86.9	85.0	83.3	81.3
16	29.9	29.0	28.1	27.2	36	89.7	87.7	85.9	84.1
17	32.8	31.8	30.8	29.9	37	92.3	90.4	88.5	86.8
18	35.7	34.7	33.6	32.7	38	95.0	93.0	91.1	89.4
19	38.7	37.6	36.5	35.5	39	97.5	95.5	93.7	91.9
20	41.7	40.5	39.4	38.3	40	100.0	98.0	96.2	94.3
21	44.7	43.5	42.3	41.1	41	102.3	100.4	98.5	96.7
22	47.8	46.5	45.2	43.9	42	104.4	102.7	100.8	99.0
23	50.9	49.5	48.1	46.8	43	106.5	104.8	103.0	101.2
24	54.0	52.5	51.0	49.7	44	108.4	106.8	105.0	103.3
25	57.0	55.5	54.0	52.6	45	110.1	108.6	107.0	105.3
26	60.0	58.5	57.0	55.5	46	111.5	110.2	108.8	107.3
27	63.1	61.5	60.0	58.5	47	112.7	111.6	110.4	109.0
28	66.2	64.5	63.0	61.4	48	113.8	112.8	111.7	110.5
29	69.3	67.5	65.9	64.3	49	113.9	113.6	112.8	111.8
30	72.3	70.5	68.8	67.2	50	114.0	113.9	113.6	112.9
31	75.3	73.5	71.7	70.1	51	«	114.0	113.9	113.6
32	78.3	76.4	74.6	72.9	52	«	«	114.0	113.9
33	81.2	79.3	77.5	75.7	53	«	«	«	114.0
34	84.1	82.2	80.4	78.5					

VAISSEAUX DE 212 LITRES D'UN DIAMÈTRE DE :

HAUTEUR du liquide	60	61	62	63	HAUTEUR du liquide	60	61	62	63
1	«.1	«.1	«.1	«.1	14	33.7	32.0	31.9	31.0
2	«.6	«.6	«.6	.5	15	37.7	36.8	35.8	34.8
3	1.5	1.4	1.4	1.5	16	41.8	40.8	39.8	38.7
4	3.0	2.9	2.8	2.7	17	46.1	44.8	43.8	42.7
5	5.1	4.9	4.7	4.5	18	50.5	49.1	47.9	46.8
6	7.3	7.1	6.9	6.7	19	54.8	53.4	52.1	50.9
7	9.8	9.6	9.3	9.0	20	59.5	57.8	56.5	55.0
8	12.8	12.4	12.0	11.6	21	63.8	62.2	60.6	59.2
9	15.9	15.4	14.9	14.5	22	68.3	66.7	65.0	63.5
10	19.1	18.3	18.0	17.5	23	72.9	71.2	69.4	67.9
11	22.6	21.9	21.3	20.7	24	77.6	75.7	73.9	72.5
12	26.2	25.4	24.7	24.0	25	82.3	80.3	78.5	76.7
13	29.9	29.1	28.2	27.5	26	87.0	84.9	83.1	81.2

VAISSEAUX DE 212 LITRES D'UN DIAMÈTRE DE :

HAUTEUR du liquide	60	61	62	63	HAUTEUR du liquide	60	61	62	63
27	91.7	89.5	87.6	85.6	46	178.5	175.2	172.2	169.5
28	96.4	94.2	92.4	90.4	47	182.4	179.1	176.2	173.3
29	101.2	98.9	96.7	94.6	48	185.8	182.9	180.1	177.2
30	106.0	103.6	101.3	99.1	49	189.4	186.6	183.8	181.0
31	110.8	108.4	106.0	105.7	50	192.9	190.1	187.5	184.5
32	115.6	113.1	110.7	108.5	51	196.1	193.5	190.7	188.0
33	120.5	117.8	115.3	112.9	52	199.2	196.6	194.0	191.3
34	125.0	122.5	119.9	117.4	53	202.2	199.6	197.1	194.5
35	129.7	127.1	124.4	121.9	54	204.7	202.4	200.0	197.5
36	134.4	131.7	128.9	126.4	55	206.9	204.9	202.7	200.4
37	139.1	136.5	133.5	130.8	56	209.0	207.1	205.1	203.0
38	143.7	140.8	138.1	135.3	57	210.5	209.1	207.2	205.5
39	148.2	145.3	142.6	139.7	58	211.4	210.6	209.2	207.5
40	152.7	149.8	147.0	144.1	59	211.9	211.4	210.6	209.5
41	157.2	154.2	151.4	148.5	60	212.0	211.9	211.5	210.7
42	161.5	158.6	155.7	152.8	61	«	212.0	211.9	211.5
43	165.9	162.9	159.9	157.0	62	«	«	212.0	211.9
44	170.2	167.2	164.4	161.4	63	«	«	«	212.0
45	174.3	171.2	168.2	165.2					

VAISSEAUX DE 220 LITRES D'UN DIAMÈTRE DE :

HAUTEUR du liquide	61	62	63	64	HAUTEUR du liquide	61	62	63	64
1	«.1	«.1	«.1	«.1	14	34.0	35.1	32.2	34.5
2	«.6	«.6	«.5	.5	15	38.1	37.1	36.1	35.2
3	1.5	1.4	.4	.3	16	42.5	41.2	40.1	39.1
4	3.0	2.9	2.8	.6	17	46.6	45.4	44.2	33.1
5	5.0	4.8	4.6	4.4	18	51.0	49.7	48.4	47.3
6	7.4	7.2	«	6.7	19	55.5	54.0	52.7	51.5
7	10.0	9.7	«	9.2	20	60.0	58.4	57.0	55.7
8	12.9	12.5	12.«	11.8	21	64.6	62.9	61.4	60.0
9	16.0	15.5	15.«	14.6	22	69.2	67.5	65.9	64.4
10	19.3	18.7	18.«	17.7	23	73.9	72.1	70.4	68.9
11	22.8	22.1	21.6	21.0	24	78.6	76.8	75.0	73.5
12	26.4	25.7	25.0	24.4	25	83.4	81.5	79.6	77.8
13	30.1	29.4	28.9	27.9	26	88.2	86.2	84.2	82.3

VAISSEAUX DE 220 LITRES D'UN DIAMÈTRE DE :

HAUTEUR du liquide	61	62	63	64	HAUTEUR du liquide	61	62	63	64
27	93.0	90.9	88.9	86.8	46	181.9	178.8	175	172.7
28	97.8	95.6	93.6	91.4	47	186.0	182.9	179.9	176.9
29	102.6	100.4	98.3	96.0	48	189.9	186.9	183.9	180.9
30	107.5	105.2	103.0	100.6	49	193.6	190.6	187.8	184.8
31	112.5	110.0	107.7	105.3	50	197.2	194.3	191.4	188.5
32	117.4	114.8	112.3	110.0	51	200.7	197.9	195.0	192.1
33	122.2	119.6	117.0	114.7	52	204.0	201.3	198.4	195.6
34	127.0	124.4	121.7	119.4	53	207.1	204.5	201.7	199.0
35	131.8	129.1	126.4	124.0	54	210.0	207.5	204.9	202.3
36	136.6	133.8	131.1	128.6	55	212.6	210.5	207.9	205.4
37	141.4	138.5	135.8	133.2	56	215.0	212.8	210.6	208.2
38	146.1	143.2	140.4	137.7	57	217.0	215.2	213.1	210.8
39	150.8	147.9	145.0	142.2	58	218.5	217.1	215.4	213.3
40	155.4	152.5	149.6	146.7	59	219.4	218.6	217.2	215.6
41	160.0	157.1	154.1	151.1	60	219.9	219.4	218.6	217.4
42	164.5	161.6	158.6	155.6	61	220.0	219.9	219.5	218.7
43	169.0	166.0	163.0	160.0	62	«	220.0	219.9	219.5
44	173.4	170.5	167.5	164.5	63	«	«	220.0	219.9
45	177.7	174.6	171.6	168.5	64	«	«	«	220.0

VAISSEAUX DE 228 LITRES D'UN DIAMÈTRE DE :

	61	62	63	64		61	62	63	64
1	«.1	«.1	«.1	«.1	17	48.2	47.0	45.9	44.7
2	«.6	«.6	«.5	«.5	18	52.9	51.4	50.2	49.0
3	1.6	1.5	1.4	1.4	19	57.5	55.9	54.6	53.3
4	3.1	3.0	2.9	2.7	20	62.1	60.5	59.1	57.7
5	5.2	5.0	4.8	4.6	21	66.8	65.2	63.7	62.2
6	7.6	7.4	7.2	6.9	22	71.7	70.0	68.5	66.7
7	10.1	10.0	9.8	9.5	23	76.6	74.8	73.0	71.3
8	13.3	13.0	12.6	12.2	24	81.5	79.6	77.7	75.9
9	16.5	16.1	15.6	15.2	25	86.4	84.4	82.5	80.6
10	20.0	19.4	18.9	18.4	26	91.4	89.2	87.3	85.5
11	23.6	22.8	22.3	21.8	27	96.4	94.1	92.1	90.0
12	27.4	26.6	25.9	25.3	28	101.4	99.0	96.9	94.7
13	31.2	30.4	29.6	28.9	29	106.4	104.0	101.7	99.5
14	35.2	34.3	33.4	32.6	30	111.5	109.9	106.6	104.3
15	39.6	38.4	37.5	36.6	31	116.5	114.0	111.5	109.1
16	43.8	42.7	41.7	40.6	32	121.6	119.0	116.5	114.0

VAISSEAUX DE 228 LITRES D'UN DIAMÈTRE DE :

HAUTEUR du liquide	61	62	63	64	HAUTEUR du liquide	61	62	63	64
33	126.6	124.0	121.4	118.9	49	200.6	197.6	194.6	191.4
34	131.6	129.0	126.5	123.7	50	204.4	201.4	198.4	195.4
35	136.6	133.9	131.1	128.5	51	208.0	205.1	202.1	199.1
36	141.6	138.8	135.9	133.3	52	211.5	208.6	205.7	202.7
37	146.5	143.6	140.7	138.0	53	214.7	211.9	209.1	206.2
38	151.4	148.4	145.6	142.6	54	217.6	215.0	212.4	209.6
39	156.3	153.2	150.5	147.4	55	220.4	218.0	215.4	212.8
40	161.1	158.0	155.8	152.1	56	222.8	220.6	218.7	215.8
41	165.9	162.8	159.7	156.7	57	224.9	223.0	220.8	218.7
42	170.5	167.5	164.3	161.3	58	226.4	225.0	223.2	221.1
43	175.1	172.1	168.9	165.8	59	227.4	226.5	225.1	223.4
44	179.8	176.6	173.5	170.5	60	227.9	227.4	226.6	225.3
45	184.2	181.0	177.8	174.7	61	228.0	227.0	227.5	226.6
46	188.4	185.3	182.1	179.0	62	«	228.0	227.9	227.5
47	192.8	189.5	186.3	185.5	63	«	«	228.0	227.9
48	196.8	193.7	190.5	187.4	64	«	«	«	228.0

VAISSEAUX DE 600 LITRES D'UN DIAMÈTRE DE :

HAUTEUR du liquide	86	87	88	89	HAUTEUR du liquide	86	87	88	89
1	«.2	«.1	«.1	«.1	20	95.0	93.4	91.4	90.1
2	«.7	«.7	«.7	«.7	21	102.0	101.1	99.0	97.5
3	1.8	1.7	1.7	1.7	22	111.0	108.9	106.8	105.0
4	3.6	3.5	3.4	3.2	23	119.2	116.8	114.7	112.6
5	6.1	5.9	5.8	5.6	24	127.4	125.0	122.8	120.4
6	9.5	9.0	8.8	8.6	25	136.8	135.4	131.1	128.8
7	13.2	12.9	12.5	11.7	26	144.3	141.9	139.4	150.7
8	17.6	17.3	16.5	15.8	27	153.0	150.4	147.8	145.1
9	22.5	21.9	21.3	20.6	28	161.7	159.0	156.3	153.5
10	27.9	27.2	26.5	25.8	29	170.5	167.6	164.8	162.9
11	33.6	32.7	32.0	31.2	30	179.4	176.3	173.5	170.6
12	39.4	38.4	37.6	36.7	31	188.4	185.2	182.3	179.2
13	45.6	44.4	43.6	42.7	32	197.4	194.1	191.1	187.8
14	51.9	50.7	49.8	48.9	33	206.5	203.1	199.9	196.6
15	58.4	57.2	56.8	55.2	34	215.7	212.2	208.8	205.5
16	65.3	64.0	63.3	61.9	35	225.0	221.4	217.8	214.2
17	72.4	71.0	70.0	68.7	36	234.3	230.6	226.8	223.2
18	79.7	78.3	76.8	75.7	37	243.6	239.8	235.9	252.2
19	87.3	85.8	84.0	82.8	38	252.9	240.0	245.0	241.2

VAISSEAUX DE 600 LITRES D'UN DIAMÈTRE DE :

HAUTEUR du liquide	86	87	88	89	HAUTEUR du liquide	86	87	88	89
39	262.2	258.2	254.2	250.2	65	497.1	491.1	485.3	479.6
40	271.6	267.4	263.3	259.2	66	505.0	498.9	493.2	487.4
41	281.0	276.6	272.5	268.2	67	512.7	506.6	501.0	495.0
42	290.5	285.9	281.7	277.5	68	520.3	514.2	508.6	505.5
43	300.0	295.2	290.9	286.4	69	527.6	521.7	516.0	509.9
44	309.5	304.6	300.0	295.5	70	534.7	529.0	523.2	517.2
45	319.0	314.1	309.1	304.5	71	541.6	536.0	530.0	524.3
46	328.4	323.4	318.3	313.6	72	548.1	542.8	536.7	531.3
47	337.8	332.6	327.5	322.7	73	554.4	549.3	545.7	538.1
48	347.1	341.8	336.7	331.8	74	560.6	556.6	550.2	544.8
49	356.4	551.0	345.8	340.8	75	566.4	561.6	556.4	551.5
50	365.7	360.2	355.0	349.9	76	572.1	567.5	562.4	557.3
51	375.0	369.4	364.1	358.8	77	577.5	572.8	568.0	565.5
52	384.3	378.6	375.2	367.8	78	582.4	578.1	575.5	568.8
53	393.5	387.8	382.2	376.8	79	586.8	582.7	578.7	574.2
54	402.6	396.9	391.2	385.8	80	590.7	587.1	583.5	579.4
55	411.6	405.9	400.1	394.7	81	593.9	591.0	587.7	584.2
56	420.6	414.8	408.9	401.5	82	596.4	594.1	591.2	588.5
57	429.5	423.7	417.7	412.2	83	598.2	596.8	594.2	591.4
58	438.3	432.4	426.5	420.8	84	599.3	598.5	596.6	594.4
59	447.0	441.0	435.2	429.4	85	599.8	599.5	598.3	596.8
60	455.7	449.6	443.7	438.0	86	600.0	599.9	599.3	598.3
61	464.2	458.1	452.2	446.5	87	«	600.0	599.9	599.3
62	472.6	466.6	460.6	454.9	88	«	«	600.0	599.9
63	480.8	475.0	468.9	463.3	89	«	«	«	600.0
64	489.0	483.2	477.2	471.6					

VAISSEAUX DE 605 LITRES D'UN DIAMÈTRE DE :

HAUTEUR du liquide	86	87	88	89	HAUTEUR du liquide	86	87	88	89
1	«.2	«.1	«.1	«.1	6	9.4	9.1	8.9	8.7
2	«.7	«.7	«.7	«.7	7	13.5	12.9	12.5	11.9
3	1.8	1.7	1.7	1.7	8	17.8	17.5	16.9	16.1
4	3.6	3.5	3.4	3.2	9	22.7	22.0	21.7	21.1
5	6.1	5.9	5.9	5.6	10	28.1	27.3	27.0	26.4

VAISSEAUX DE 605 LITRES D'UN DIAMÈTRE DE

HAUTEUR du liquide	86	87	88	89	HAUTEUR du liquide	86	87	88	89
11	33.8	32.8	32.3	31.9	51	378.1	372.6	367.2	361.7
12	39.8	38.6	37.9	37.1	52	387.5	381.8	376.3	370.9
13	46.0	44.8	44.0	43.1	53	396.7	391.0	385.4	380.0
14	52.5	51.2	50.2	49.4	54	406.0	400.2	394.5	389.0
15	59.1	57.8	56.7	55.7	55	415.0	409.2	403.4	398.0
16	66.0	64.7	63.6	62.2	56	424.2	418.2	412.5	406.9
17	75.1	71.8	70.5	69.0	57	433.1	427.2	421.2	415.7
18	80.4	79.0	77.4	76.0	58	442.2	436.1	430.1	424.4
19	88.0	86.4	84.7	83.2	59	450.7	444.7	438.9	433.1
20	95.8	94.1	92.2	90.5	60	459.5	453.5	447.8	441.8
21	103.7	101.8	99.9	98.1	61	468.0	462.1	456.1	450.2
22	111.9	109.7	107.7	105.7	62	476.5	470.6	464.6	458.7
23	120.2	117.8	115.6	113.5	63	484.8	479.0	472.9	467.1
24	128.5	126.0	123.8	121.5	64	493.1	487.2	481.2	475.4
25	137.0	134.4	132.1	129.6	65	501.3	495.5	489.4	483.5
26	145.5	142.9	140.4	137.9	66	509.2	503.2	497.3	491.5
27	154.5	151.5	148.9	146.3	67	517.0	510.9	505.1	499.5
28	162.8	160.1	157.5	154.8	68	524.6	518.6	512.8	506.9
29	171.9	168.9	166.1	163.2	69	531.9	526.0	520.3	514.5
30	180.8	177.8	174.9	171.9	70	539.0	533.2	527.6	521.8
31	190.0	186.8	183.8	180.6	71	545.9	540.5	534.5	529.0
32	199.0	195.8	192.7	189.5	72	552.5	547.2	541.4	536.0
33	208.3	204.8	201.6	198.1	73	559.0	553.8	548.5	542.8
34	217.5	214.0	210.5	207.0	74	565.2	560.2	554.8	549.3
35	226.9	223.2	219.6	216.0	75	571.2	566.4	561.0	555.6
36	236.2	232.4	228.6	225.0	76	576.9	572.2	567.1	561.9
37	245.6	241.6	237.8	234.1	77	582.3	577.7	572.7	567.9
38	255.0	250.9	246.9	243.1	78	587.2	585.0	578.0	573.1
39	264.4	260.2	256.1	252.1	79	591.7	587.7	583.3	578.6
40	275.9	269.5	265.3	261.2	80	595.6	592.1	588.1	583.9
41	285.4	278.9	274.6	270.5	81	598.9	595.9	592.5	588.9
42	295.0	288.5	283.8	279.5	82	601.4	599.1	596.1	593.4
43	302.5	297.7	293.2	288.8	83	603.2	601.5	599.1	596.5
44	312.0	307.5	302.5	298.0	84	604.3	603.3	601.6	599.4
45	321.6	316.7	311.8	307.0	85	604.8	604.3	603.3	601.8
46	331.1	326.1	321.2	316.2	86	605.0	604.9	604.3	603.5
47	340.5	335.5	330.4	325.5	87	«	605.0	604.9	604.5
48	350.0	344.8	339.7	334.7	88	«	«	605.0	604.9
49	359.4	354.1	348.9	343.8	89	«	«	«	605.0
50	368.8	363.4	358.1	352.9					

VAISSEAUX DE 610 LITRES D'UN DIAMÈTRE DE :

HAUTEUR du liquide	86	87	88	89	HAUTEUR du liquide	86	87	88	89
1	«.2	«.1	«.1	«.1	42	295.4	290.7	286.0	281.8
2	«.7	«.7	«.7	«.7	43	305.0	300.3	295.5	291.4
3	1.8	1.8	1.8	1.8	44	314.6	309.7	305.0	300.4
4	3.7	3.5	3.4	3.3	45	324.2	319.5	314.5	309.6
5	6.2	6.0	5.9	5.7	46	333.8	328.8	324.0	318.8
6	9.5	9.2	8.9	8.7	47	343.3	338.5	333.5	329.2
7	13.4	12.8	12.2	11.9	48	352.8	347.8	342.6	337.5
8	18.0	17.5	16.4	16.2	49	362.3	357.2	351.9	346.7
9	22.9	22.1	21.7	21.4	50	371.8	366.6	361.1	355.9
10	28.3	27.4	27.1	26.5	51	381.2	375.8	370.3	364.9
11	34.1	33.0	32.6	31.9	52	390.6	385.0	379.5	374.0
12	40.2	38.9	38.3	37.5	53	400.0	394.2	388.6	383.1
13	46.5	45.2	44.3	43.6	54	409.3	403.4	397.7	392.2
14	55.1	51.7	50.6	49.8	55	418.5	412.5	406.7	401.2
15	59.8	58.5	57.2	56.1	56	427.7	421.6	415.7	410.2
16	66.8	65.5	64.0	62.6	57	436.8	430.7	424.7	419.1
17	73.9	72.6	71.0	69.4	58	445.7	439.8	433.7	428.0
18	81.2	79.8	78.1	76.4	59	454.5	448.7	442.6	436.8
19	88.8	87.2	85.4	85.6	60	463.2	457.4	451.5	445.4
20	96.6	94.8	93.0	91.0	61	471.8	466.0	460.9	454.0
21	104.6	102.6	100.8	98.7	62	480.3	474.5	468.5	462.5
22	112.8	110.6	108.6	106.5	63	488.7	482.9	476.9	470.9
23	121.2	118.8	116.6	114.5	64	497.2	491.2	485.2	479.2
24	129.7	127.1	124.8	122.5	65	505.4	499.4	493.4	487.4
25	138.2	135.6	133.1	130.8	66	513.4	507.4	501.4	495.5
26	146.8	144.0	141.5	139.1	67	521.2	515.2	509.2	503.5
27	155.5	152.6	150.1	147.5	68	528.8	522.8	517.0	511.3
28	164.3	161.3	158.7	156.0	69	536.1	530.2	524.6	519.0
29	173.2	170.2	167.4	164.6	70	545.2	537.4	531.9	526.4
30	182.3	179.3	176.3	173.2	71	550.2	544.5	539.0	533.6
31	191.5	188.4	185.5	182.0	72	556.9	551.5	546.0	540.6
32	200.7	197.5	194.3	190.9	73	563.5	558.3	552.8	547.4
33	210.0	206.6	203.3	199.8	74	569.8	564.8	559.4	553.9
34	219.4	215.8	212.3	208.8	75	576.9	571.1	565.7	560.2
35	228.8	225.0	221.4	217.8	76	581.7	577.0	571.7	566.4
36	238.2	234.2	230.5	226.9	77	587.1	582.6	577.4	572.5
37	247.7	243.4	239.7	236.0	78	592.0	587.9	582.9	578.1
38	257.2	252.8	248.9	245.1	79	596.6	592.7	588.3	583.5
39	266.7	262.2	258.1	254.1	80	600.5	597.2	593.6	589.0
40	276.2	271.7	267.4	263.5	81	605.8	600.8	597.8	593.8
41	285.8	281.2	276.7	272.5	82	606.5	604.0	601.1	598.1

VAISSEAUX DE 610 LITRES D'UN DIAMÈTRE DE :

HAUTEUR du liquide	86	87	88	89	HAUTEUR du liquide	86	87	88	89
83	608.2	606.5	604.1	601.3	87	«	610.0	609.9	609.3
84	609.3	608.2	606.6	604.3	88	«	«	610.0	609.9
85	609.8	609.3	608.3	606.7	89	«	«	«	610.0
86	610.0	609.8	609.5	608.3					

VAISSEAUX DE 615 LITRES D'UN DIAMÈTRE DE :

	86	87	88	89		86	87	88	89
1	«.2	«.2	«.2	«.4	32	202.3	199.0	195.8	192.7
2	«.7	«.7	«.7	«.7	33	211.7	208.3	204.3	201.7
3	1.8	1.8	1.8	1.8	34	221.1	217.5	214.0	210.7
4	3.7	3.5	3.4	3.3	35	230.6	226.8	223.2	219.8
5	6.2	6.0	5.9	5.7	36	240.1	236.1	232.4	228.9
6	9.5	9.4	9.0	8.7	37	249.7	245.4	241.7	238.1
7	13.8	13.0	12.3	12.0	38	259.3	254.9	251.0	247.3
8	18.1	17.4	16.5	16.3	39	268.9	264.4	260.2	256.5
9	23.1	22.3	21.8	21.5	40	278.5	273.9	269.5	265.5
10	28.6	27.8	27.2	26.8	41	288.1	283.5	278.9	274.5
11	34.4	33.4	32.8	32.2	42	297.8	295.1	288.4	283.9
12	40.5	39.3	38.8	37.9	43	307.5	302.7	298.0	293.5
13	46.8	45.6	44.7	43.9	44	317.2	312.5	307.5	302.9
14	53.3	52.1	51.0	50.1	45	326.9	321.9	317.0	312.4
15	60.1	58.9	57.7	56.6	46	336.5	331.5	326.6	322.8
16	67.1	65.9	64.5	63.2	47	346.1	341.1	336.1	331.4
17	74.3	73.1	71.6	70.1	48	355.7	350.6	345.5	340.5
18	81.7	80.3	78.8	77.1	49	365.3	360.1	354.8	349.5
19	89.4	87.8	86.2	84.4	50	374.9	369.6	364.0	358.5
20	97.3	95.5	93.8	91.9	51	384.4	378.9	373.3	367.7
21	105.4	103.4	101.6	99.7	52	395.9	388.2	382.6	386.1
22	113.6	111.5	109.5	107.5	53	403.3	397.5	391.8	395.2
23	122.2	119.8	117.6	115.5	54	412.7	406.7	401.0	404.5
24	130.7	128.2	125.9	123.7	55	421.9	416.0	410.1	413.5
25	139.4	136.7	134.3	131.9	56	431.1	425.1	419.2	422.3
26	148.2	145.3	142.7	140.5	57	440.2	434.2	428.2	431.3
27	157.0	153.9	151.4	148.7	58	449.4	443.3	434.2	440.2
28	165.9	162.8	160.1	157.5	59	458.0	452.2	446.1	449.0
29	174.8	171.7	168.9	166.0	60	466.8	461.1	454.9	457.7
30	183.9	180.8	177.8	174.8	61	475.6	469.7	463.6	466.3
31	193.1	189.9	186.8	183.7	62	484.5	478.3	472.3	474.7

VAISSEAUX DE 615 LITRES D'UN DIAMÈTRE DE :

HAUTEUR du liquide	86	87	88	89	HAUTEUR du liquide	86	87	88	89
63	492.8	486.8	480.7	474.7	77	591.9	587.2	582.2	577.1
64	501.4	495.2	489.1	483.1	78	596.9	592.7	587.8	582.8
65	509.6	503.5	497.4	491.3	79	601.5	597.6	593.5	588.2
66	517.7	511.6	505.5	499.5	80	605.5	602.0	598.5	593.5
67	529.6	517.5	513.4	507.8	81	608.8	605.6	602.6	598.7
68	555.3	527.2	521.2	515.3	82	611.3	609.0	606.2	605.0
69	540.7	534.7	528.8	523.1	83	615.2	611.6	609.6	606.3
70	547.9	541.9	536.2	530.6	84	614.5	613.2	611.7	609.3
71	554.5	549.1	545.4	537.9	85	614.8	614.5	613.2	611.7
72	561.7	557.1	550.5	544.9	86	615.0	614.8	614.5	613.2
73	568.2	562.9	557.3	551.8	87	»	615.0	614.8	614.8
74	574.5	569.4	564.0	558.4	88	»	»	615.0	614.9
75	580.6	575.7	570.3	564.9	89	»	»	»	615.0
76	586.4	581.6	576.3	571.1					

VAISSEAUX DE 620 LITRES D'UN DIAMÈTRE DE :

H. du liq.	86	87	88	89	90	H. du liq.	86	87	88	89	90
1	«.2	«.2	«.2	«.2	«.2	18	82.3	80.9	79.5	77.8	76.9
2	«.7	«.7	».7	«.7	«.7	19	90.0	88.5	87.0	85.3	84.1
3	1.9	1.8	1.7	1.7	1.7	20	98.0	96.3	94.7	92.9	91.4
4	3.7	3.6	3.5	3.3	3.2	21	106.2	104.3	102.5	100.7	98.9
5	6.3	6.1	6.0	5.8	5.7	22	114.6	112.5	110.5	108.6	106.6
6	9.6	9.3	9.1	8.8	8.7	23	125.1	120.9	118.7	116.6	114.4
7	13.6	13.0	12.4	12.1	11.8	24	131.8	129.4	127.0	124.8	122.4
8	18.2	17.5	16.7	16.4	16.1	25	140.6	138.0	135.5	133.1	130.6
9	23.4	22.6	22.0	21.7	21.1	26	149.6	146.6	144.0	141.5	138.9
10	28.9	28.2	27.4	27.1	26.4	27	158.6	155.3	152.7	150.0	147.3
11	34.8	33.9	33.0	32.6	31.9	28	167.6	164.2	161.5	158.7	155.2
12	40.8	39.7	38.8	38.3	37.5	29	176.6	173.5	170.5	167.5	164.6
13	47.1	46.0	45.0	44.3	43.4	30	185.6	182.3	179.2	176.5	173.3
14	53.6	52.5	51.5	50.5	49.8	31	194.7	191.4	188.2	185.5	182.1
15	60.4	59.2	58.2	57.1	56.1	32	204.0	200.6	197.3	194.5	191.0
16	67.5	66.2	65.1	63.9	62.8	33	213.4	209.9	206.5	205.6	200.0
17	74.8	73.5	72.2	70.8	69.8	34	222.9	219.2	215.8	212.6	209.0

VAISSEAUX DE 620 LITRES D'UN DIAMÈTRE DE :

H. du liq.	86	87	88	89	90	H. du liq.	86	87	88	89	90
35	232.5	228.6	225.1	221.	218.1	63	496.9	490.6	484.6	478.5	472.7
36	242.1	238.0	234.4	231.0	227.2	64	505.4	499.1	493.0	486.9	481.1
37	251.7	247.5	243.7	240.3	236.3	65	513.8	507.5	501.3	495.2	489.4
38	261.5	257.0	253.0	249.6	245.5	66	522.0	515.7	509.5	503.4	497.6
39	271.0	266.6	262.5	259.0	254.8	67	530.0	523.7	517.5	511.4	505.6
40	280.7	276.2	271.7	267.5	263.7	68	537.7	531.5	525.3	519.3	513.4
41	290.4	285.8	281.2	276.5	272.9	69	545.2	550.1	555.0	527.1	521.1
42	300.2	295.4	290.8	286.1	282.1	70	552.5	546.5	540.5	554.7	528.6
43	310.0	305.0	300.4	295.7	291.4	71	559.6	553.8	547.4	542.2	535.2
44	319.8	315.0	510.0	305.3	300.7	72	566.4	560.8	554.9	549.2	543.1
45	329.6	324.6	319.6	314.7	310.0	73	572.9	567.5	561.8	556.1	550.2
46	339.3	334.2	329.2	324.3	319.3	74	579.2	574.0	568.5	562.9	557.2
47	349.0	345.8	358.5	333.9	328.6	75	585.2	580.5	575.0	569.8	563.7
48	358.7	353.4	348.5	343.5	337.9	76	591.0	586.1	584.2	575.7	570.4
49	368.3	363.0	357.7	352.5	347.1	77	596.6	591.8	587.0	581.7	576.6
50	377.9	372.5	367.0	361.0	356.5	78	601.8	597.4	592.6	587.4	582.5
51	387.5	382.0	376.3	370.4	365.5	79	606.4	602.5	598.0	592.9	588.1
52	397.1	391.4	385.6	379.7	374.6	80	610.4	607.0	603.3	598.3	593.6
53	406.6	400.8	394.9	389.0	383.7	81	613.5	610.1	607.6	603.6	598.9
54	416.0	410.1	404.2	398.2	392.8	82	616.3	613.9	610.9	607.9	603.9
55	425.5	419.4	413.5	407.4	401.9	83	618.1	616.4	614.0	611.2	608.2
56	434.4	428.6	422.7	416.4	411.0	84	619.5	618.2	616.5	614.2	611.3
57	443.4	437.7	431.8	425.5	420.0	85	619.8	619.3	618.3	616.7	614.3
58	452.4	446.7	440.8	434.5	429.0	86	620.0	619.8	619.7	618.3	616.7
59	461.4	455.7	449.7	443.5	437.0	87	»	620.0	619.8	619.3	618.3
60	470.4	464.7	458.5	452.5	446.7	88	»	»	620.0	619.8	619.5
61	479.4	473.4	467.3	461.5	455.4	89	»	»	»	620.0	619.8
62	488.2	482.0	476.0	470.0	464.1	90	»	»	»	»	620.0

VAISSEAUX DE 625 LITRES D'UN DIAMÈTRE DE :

H. du liq.	86	87	88	89	90	H. du liq.	86	87	88	89	90
1	0.2	0.2	0.2	0.2	0.2	5	6.5	6.2	6.0	5.8	5.7
2	0.8	0.8	0.7	0.7	0.7	6	9.7	9.5	9.1	8.9	8.7
3	1.9	1.8	1.7	1.7	1.7	7	13.7	13.4	12.8	12.4	12.2
4	3.7	3.7	3.5	3.3	3.2	8	18.5	17.8	17.2	17.2	16.5

VAISSEAUX DE 625 LITRES D'UN DIAMÈTRE DE :										
H du lg	86	87	88	89	90	H. du lig.	86	87	88	89	90
9	23.5	22.8	22.4	21.9	21.2	50	381.0	375.5	370.2	364.5	359.4
10	29.1	29.3	27.8	27.2	26.4	51	390.7	385.4	379.7	375.8	368.7
11	35.0	34.1	33.4	32.8	32.0	52	400.5	394.6	389.1	385.1	377.9
12	41.2	40.0	39.2	38.6	37.7	53	409.9	404.1	398.4	392.4	387.1
13	47.5	46.2	45.4	44.6	43.8	54	419.4	413.5	407.6	401.7	396.2
14	54.0	52.8	51.8	50.9	50.1	55	428.7	422.8	416.8	410.9	405.2
15	61.0	59.7	58.5	57.5	56.6	56	437.9	432.0	426.0	420.1	414.4
16	68.2	66.8	65.5	64.4	63.3	57	447.0	441.2	435.1	429.2	425.5
17	75.6	74.1	72.7	71.4	70.5	58	456.1	450.3	444.2	438.5	432.6
18	85.1	81.5	80.2	78.6	77.4	59	465.2	459.4	453.2	447.3	441.5
19	90.7	89.2	87.8	86.1	84.6	60	474.4	468.4	462.2	456.2	450.4
20	99.0	97.1	95.5	93.7	92.0	61	483.5	477.2	471.1	465.4	459.2
21	107.2	105.2	103.4	101.8	99.6	62	492.2	486.0	479.9	473.9	467.9
22	115.6	113.6	111.5	109.4	107.4	63	500.9	494.6	488.5	482.8	476.5
23	124.1	121.9	119.7	117.5	115.4	64	509.4	503.1	497.0	491.0	485.0
24	132.8	130.4	128.0	125.7	123.5	65	517.8	511.5	505.5	499.5	493.5
25	141.7	139.0	136.5	134.0	131.7	66	526.0	519.8	513.5	507.5	501.5
26	150.6	147.8	145.1	142.5	140.0	67	534.3	527.9	521.6	515.6	509.6
27	159.8	156.6	153.9	151.5	148.5	68	541.9	535.8	529.5	523.5	517.6
28	168.9	165.6	162.8	159.9	157.1	69	549.4	543.5	537.2	531.5	525.4
29	178.0	174.7	171.8	168.8	165.8	70	556.8	550.9	544.8	538.9	533.0
30	187.1	183.8	180.8	177.7	174.6	71	564.0	558.2	552.5	546.4	540.4
31	196.5	193.0	189.9	186.7	183.8	72	571.0	565.3	559.5	552.6	547.6
32	205.6	202.2	199.0	195.8	192.5	73	577.5	572.2	566.5	560.6	554.7
33	215.1	211.5	208.2	204.9	201.6	74	583.8	578.8	573.2	567.5	561.7
34	224.7	220.9	217.4	214.1	210.6	75	590.0	585.0	579.6	574.4	568.4
35	234.3	230.4	226.6	223.3	219.8	76	596.9	590.9	585.8	580.4	574.9
36	244.0	239.9	235.9	232.6	228.6	77	601.5	596.7	591.9	586.4	581.2
37	253.7	249.6	245.3	241.9	237.9	78	606.7	602.2	597.2	592.2	587.3
38	265.5	259.4	254.8	251.2	247.1	79	611.5	607.2	602.6	597.6	593.0
39	275.2	268.7	264.3	260.5	256.5	80	615.5	611.6	607.8	603.1	598.6
40	285.0	278.4	273.9	269.9	265.0	81	618.7	615.5	612.2	608.2	605.8
41	292.8	288.1	285.8	278.5	274.0	82	621.5	618.8	615.0	612.6	608.5
42	302.6	297.8	295.4	288.7	284.3	83	625.1	621.1	619.0	616.4	612.8
43	312.5	307.6	302.8	298.2	295.7	84	624.2	623.2	621.5	619.2	616.3
44	322.4	317.4	312.5	307.7	303.1	85	624.8	624.2	623.5	621.7	619.3
45	332.2	327.2	322.2	317.3	312.5	86	625.0	624.8	624.5	623.3	621.8
46	342.0	336.9	331.9	326.0	321.9	87	«	625.0	624.8	624.5	623.3
47	351.8	346.6	341.5	336.5	331.5	88	«	«	625.0	624.8	624.3
48	361.6	356.3	351.1	345.7	340.7	89	«	«	«	625.0	624.8
49	371.3	365.9	360.7	355.1	350.1	90	«	«	«	«	625.0

VAISSEAUX DE 630 LITRES D'UN DIAMÈTRE DE :

H. de liq.	86	87	88	89	90	H. de liq.	86	87	88	89	90
1	«.2	«.2	«.2	«.2	«.2	42	305.0	300.2	295.6	291.1	286.5
2	«.8	«.8	«.8	«.8	«.8	43	315.0	310.0	305.2	300.7	296.0
3	1.9	1.8	1.8	1.8	1.7	44	325.0	320.0	315.0	310.3	305.5
4	3.8	3.7	3.5	3.4	3.3	45	334.9	329.8	324.8	319.7	315.0
5	6.4	6.2	6.0	5.9	5.8	46	344.8	339.6	334.5	329.3	324.5
6	9.8	9.5	9.2	9.0	8.8	47	354.6	349.4	344.2	338.9	334.0
7	13.8	13.5	13.2	12.8	12.6	48	364.4	359.2	353.9	348.5	343.5
8	18.5	18.1	17.8	17.2	16.9	49	374.2	368.9	363.6	358.1	353.0
9	23.7	23.0	22.8	22.1	21.7	50	384.0	378.5	373.3	367.6	362.4
10	29.3	28.5	28.2	27.4	26.7	51	393.8	388.1	.82.0	377.1	371.8
11	35.3	34.3	33.7	33.1	32.2	52	403.5	397.7	392.5	386.5	381.1
12	41.5	40.3	39.4	38.9	38.0	53	413.1	407.2	402.1	395.8	390.4
13	47.0	46.5	45.5	45.0	44.1	54	422.7	416.8	410.6	405.1	399.6
14	54.5	53.2	52.0	51.3	50.4	55	432.2	426.2	420.0	414.4	408.7
15	61.7	60.2	59.0	58.0	57.0	56	441.4	435.5	429.3	423.7	417.8
16	69.0	67.4	66.5	65.0	63.9	57	450.6	444.7	438.5	432.9	426.9
17	76.4	74.7	73.6	72.1	70.9	58	459.8	453.9	447.7	442.0	436.0
18	83.9	82.2	81.0	79.4	77.5	59	469.0	463.0	456.8	451.0	445.1
19	91.5	90.0	88.6	86.9	84.9	60	478.2	472.0	465.9	460.0	453.9
20	100.3	98.0	96.4	94.5	92.7	61	487.5	481.0	475.0	468.8	462.8
21	108.3	106.2	104.3	102.3	100.5	62	496.2	489.9	483.8	477.7	471.6
22	116.6	114.5	112.4	110.3	108.4	63	504.9	498.6	492.5	486.4	480.2
23	125.1	122.9	120.6	118.4	116.4	64	513.4	507.1	501.1	495.0	488.8
24	133.8	131.4	128.9	126.6	124.5	65	521.7	515.1	509.4	503.4	497.2
25	142.7	140.1	137.5	135.0	132.8	66	529.7	523.8	517.6	511.6	505.6
26	151.8	149.0	146.2	143.6	141.2	67	538.5	532.0	525.8	519.7	513.6
27	161.0	158.0	155.0	152.3	149.8	68	546.1	540.0	533.6	527.7	521.6
28	170.5	167.0	164.1	161.1	158.4	69	553.6	547.8	541.4	535.8	529.5
29	179.4	176.1	173.2	170.4	167.2	70	561.0	555.3	549.0	543.1	537.5
30	188.6	185.3	182.3	179.0	176.1	71	568.3	562.6	556.4	550.6	545.1
31	197.0	194.5	191.5	188.0	184.9	72	575.5	569.8	563.7	557.0	552.7
32	207.3	203.8	200.7	197.1	194.0	73	582.4	576.8	571.0	565.0	559.1
33	216.0	213.2	210.0	206.3	203.1	74	588.5	583.5	578.0	572.0	566.1
34	226.5	222.7	219.4	215.6	212.2	75	594.7	589.7	584.5	578.7	573.0
35	236.2	232.3	227.9	224.0	221.3	76	600.7	595.7	590.6	585.0	579.6
36	246.0	241.9	237.5	234.2	230.4	77	606.3	601.5	596.3	591.1	586.9
37	255.8	251.5	247.1	243.8	239.6	78	611.5	607.0	601.8	596.0	592.0
38	265.6	261.1	256.7	252.9	248.9	79	616.2	611.9	607.2	602.6	597.8
39	275.4	270.8	266.4	262.4	258.2	80	620.2	616.5	612.2	607.9	603.3
40	285.2	280.6	276.1	271.9	267.6	81	625.0	620.5	616.8	612.8	608.2
41	295.1	290.4	285.8	281.5	277.0	82	626.2	623.8	620.8	617.2	613.1

VAISSEAUX DE 650 LITRES D'UN DIAMÈTRE DE :

H. du liq	86	87	88	89	90	H. du liq	86	87	88	89	90
83	628.4	626.3	624.0	621.0	617.4	87	«	630.0	629.8	629.2	628.5
84	629.2	628.5	626.5	624.1	621.2	88	«	«	630.0	629.8	629.2
85	629.8	629.2	628.2	626.6	624.2	89	«	«	«	650.0	629.8
86	630.0	629.8	629.2	628.2	626.7	90	«	«	«	«	630.0

VAISSEAUX DE 635 LITRES D'UN DIAMÈTRE DE :

	86	87	88	89	90		86	87	88	89	90
1	«.2	«.2	«.2	«.2	«.2	32	209.0	205.4	202.3	198.7	195.5
2	«.8	«.8	«.8	«.8	«.8	33	218.6	214.9	211.0	207.9	204.6
3	1.9	1.8	1.8	1.8	1.7	34	228.3	224.4	221.2	217.3	213.7
4	3.8	3.7	3.5	3.5	3.5	35	238.1	234.0	230.7	226.6	222.9
5	6.4	6.2	6.0	6.0	5.9	36	247.9	243.7	240.2	236.0	232.2
6	9.8	9.5	9.2	9.1	8.9	37	257.8	253.4	249.7	245.4	241.5
7	13.9	13.5	13.2	12.8	12.6	38	267.7	263.1	259.2	254.9	250.8
8	18.7	18.1	17.8	17.2	16.9	39	277.6	272.8	268.8	264.5	260.2
9	23.9	23.1	22.8	22.2	21.9	40	287.5	282.8	278.4	274.1	269.6
10	29.5	28.7	28.3	27.6	27.1	41	297.4	292.7	288.1	283.7	279.1
11	35.3	34.6	33.9	33.5	32.6	42	307.5	302.6	297.5	293.3	288.7
12	41.6	40.7	39.9	39.2	38.4	43	317.5	312.5	307.7	303.0	298.5
13	48.2	47.0	46.4	45.4	44.4	44	327.5	322.5	317.5	312.7	307.9
14	55.0	53.7	52.7	51.7	50.8	45	337.6	332.4	327.5	322.5	317.5
15	62.2	60.7	59.6	58.4	57.4	46	347.5	342.5	337.1	332.0	327.1
16	69.5	68.0	66.7	65.4	64.3	47	357.4	352.2	346.9	341.7	336.7
17	77.0	75.4	74.0	72.6	71.3	48	367.3	362.1	356.6	351.8	346.3
18	84.6	82.9	81.4	79.9	78.5	49	377.2	371.9	366.2	360.9	355.9
19	92.4	90.7	89.0	87.5	85.8	50	387.1	381.6	375.8	370.5	365.4
20	100.7	98.8	96.0	95.3	93.4	51	396.9	391.3	385.5	380.1	375.8
21	109.1	107.0	104.8	103.2	101.2	52	406.7	401.0	394.8	389.6	384.2
22	117.5	115.5	112.9	111.2	109.2	53	416.4	410.6	404.3	399.0	393.5
23	126.1	125.7	121.2	119.5	117.3	54	426.0	420.1	415.8	408.4	402.8
24	134.8	132.3	129.7	127.8	125.5	55	435.6	429.6	423.8	417.7	412.1
25	143.6	141.2	138.3	136.0	133.8	56	445.1	439.0	432.7	427.1	421.3
26	152.7	150.2	147.2	144.7	142.2	57	454.4	448.5	442.0	436.5	430.4
27	161.9	159.2	156.2	153.6	150.8	58	463.8	457.8	451.3	445.5	439.5
28	171.2	168.5	165.3	162.4	159.5	59	473.1	466.7	460.5	454.6	448.6
29	180.6	177.5	174.5	171.4	168.4	60	482.3	475.8	469.7	463.6	457.6
30	190.0	186.7	183.7	180.4	177.4	61	491.4	484.8	478.8	472.6	466.6
31	199.4	196.0	193.0	189.5	186.4	62	500.2	493.8	487.8	481.5	475.5

VAISSEAUX DE 635 LITRES D'UN DIAMÈTRE DE :

N du liq.	86	87	88	89	90	N du liq.	86	87	88	89	90
63	508.9	502.7	496.7	490.5	484.2	77	611.1	606.5	601.1	595.8	590.6
64	517.5	511.3	505.3	499.0	492.8	78	616.3	611.9	606.7	601.7	596.6
65	525.9	519.7	513.8	507.5	501.2	79	621.1	616.9	612.2	607.4	602.4
66	534.3	528.0	522.1	515.7	509.5	80	625.2	621.5	617.2	612.8	607.9
67	542.6	536.2	530.2	523.8	517.7	81	628.6	625.5	621.8	617.8	613.1
68	550.4	544.5	538.2	531.8	525.8	82	631.2	628.8	625.8	622.2	618.1
69	558.0	552.1	546.0	539.7	533.8	83	633.2	631.5	629.0	625.9	622.4
70	565.5	559.6	553.6	547.5	541.6	84	634.2	633.2	631.5	629.2	626.1
71	572.8	567.0	561.0	555.1	549.3	85	634.8	634.2	633.2	631.1	629.1
72	580.0	574.5	568.3	563.4	556.5	86	635.0	634.8	634.2	633.2	631.7
73	586.8	581.3	575.4	569.5	563.7	87	«	635.0	634.8	634.2	633.7
74	593.4	588.0	582.3	576.1	570.7	88	«	«	635.0	634.8	634.2
75	599.6	594.3	588.9	583.3	577.6	89	«	«	«	635.0	634.8
76	605.5	600.4	595.1	589.6	584.2	90	«	«	«	«	635.0

VAISSEAUX DE 640 LITRES D'UN DIAMÈTRE DE :

	86	87	88	89	90		86	87	88	89	90
1	«.2	«.2	«.2	«.2	«.2	22	118.5	116.2	113.5	112.0	110.1
2	«.8	«.8	«.8	«.8	«.8	23	127.1	124.7	122.0	120.1	118.5
3	1.9	1.9	1.8	1.8	1.7	24	135.8	133.5	130.5	128.5	126.5
4	3.8	3.7	3.6	3.5	3.5	25	144.6	142.3	139.2	137.6	134.8
5	6.5	6.3	6.1	6.0	5.9	26	153.6	151.4	148.2	146.2	143.3
6	9.9	9.6	9.5	9.2	9.0	27	162.8	160.5	157.4	154.9	152.0
7	14.1	13.4	12.9	12.6	12.4	28	172.3	169.6	166.6	163.8	160.8
8	19.0	18.0	17.4	17.2	17.0	29	181.8	178.8	175.8	172.8	169.8
9	24.2	23.3	22.5	22.4	22.1	30	191.4	188.2	185.2	181.8	178.8
10	29.7	29.0	28.5	27.8	27.4	31	201.0	197.6	194.6	190.9	187.9
11	35.5	34.9	34.1	33.6	33.0	32	210.6	207.1	204.0	200.2	197.0
12	41.8	41.2	40.4	39.6	38.8	33	220.5	216.6	213.5	209.6	206.1
13	48.6	47.6	46.8	45.8	44.8	34	230.1	226.2	223.0	218.0	215.3
14	55.6	54.3	53.4	52.2	51.2	35	240.0	235.9	232.5	228.5	224.6
15	62.9	61.2	60.2	58.9	57.9	36	249.9	245.6	242.1	237.8	233.9
16	70.3	68.6	67.2	65.9	64.8	37	259.8	255.4	251.7	247.4	243.3
17	77.7	76.0	74.5	73.1	71.9	38	269.8	265.2	261.5	257.0	252.7
18	85.4	83.6	81.9	80.3	79.2	39	279.8	275.1	271.1	266.6	262.2
19	93.4	91.8	89.5	88.7	86.7	40	289.8	285.0	280.8	276.3	271.7
20	101.6	99.2	97.3	96.3	94.5	41	299.8	295.0	290.6	285.4	281.3
21	110.0	107.8	105.3	104.1	102.1	42	309.9	305.0	300.4	295.7	290.9

VAISSEAUX DE 640 LITRES D'UN DIAMÈTRE DE :

H. du lig.	86	87	88	89	90	H. du lig.	86	87	88	89	90
43	320.0	315.0	310.2	305.5	300.6	67	546.6	540.4	534.7	528.0	521.7
44	330.1	325.0	320.0	315.2	310.5	68	554.6	548.5	542.7	535.9	529.9
45	340.2	335.0	329.8	324.8	320.0	69	562.5	556.4	550.5	543.7	537.9
46	350.2	345.0	339.6	334.7	329.7	70	569.7	564.0	558.1	551.3	545.7
47	360.2	355.0	349.4	344.3	339.4	71	577.1	571.4	565.5	559.7	553.3
48	370.2	364.9	359.2	354.6	349.1	72	584.4	578.8	572.8	566.9	560.8
49	380.2	374.8	368.9	363.7	358.7	73	591.4	585.7	579.8	574.4	568.1
50	390.1	384.6	378.5	373.4	368.3	74	598.2	592.4	586.6	581.4	575.2
51	400.0	394.4	388.3	383.0	377.8	75	604.5	598.8	593.2	587.8	582.1
52	409.9	404.1	397.9	392.6	387.5	76	610.3	605.1	599.6	594.2	588.8
53	419.7	413.8	407.5	402.2	396.7	77	615.8	611.0	605.9	600.4	595.2
54	429.4	423.4	417.0	411.7	406.1	78	621.0	616.7	611.5	606.4	601.2
55	439.0	432.9	426.4	421.1	415.4	79	625.9	622.0	617.5	612.2	607.0
56	448.6	442.4	436.0	430.4	424.7	80	630.1	626.6	622.6	617.6	612.6
57	458.2	451.8	445.4	439.8	433.9	81	635.5	630.4	627.4	622.8	617.9
58	467.7	461.2	454.8	449.1	443.0	82	636.2	635.7	630.7	627.4	625.0
59	477.2	470.4	464.1	458.2	452.1	83	638.4	636.3	633.9	630.8	627.6
60	486.4	479.5	473.3	467.3	461.2	84	639.2	638.1	636.4	634.0	631.0
61	496.4	488.6	482.6	476.2	470.2	85	639.8	639.2	638.2	636.5	634.1
62	504.2	497.7	491.8	485.1	479.2	86	640.0	639.8	639.2	638.2	636.7
63	512.9	506.7	500.8	493.8	488.0	87	«	640.0	639.8	639.2	638.3
64	521.5	515.3	509.5	502.4	496.7	88	«	«	640.0	639.8	639.2
65	530.0	523.8	518.0	511.7	505.2	89	«	«	«	640.0	639.8
66	538.4	532.5	522.6	519.9	513.5	90	«	«	«	«	640.0

VAISSEAUX DE 645 LITRES D'UN DIAMÈTRE DE :

H. du lig.	86	87	88	89	90	H. du lig.	86	87	88	89	90
1	«.2	«.2	«.2	«.2	«.2	12	42.2	41.4	40.6	39.9	39.0
2	«.8	«.8	«.8	«.8	«.8	13	49.0	47.9	47.1	46.5	45.4
3	1.9	1.9	1.8	1.8	1.7	14	56.0	54.6	53.7	52.8	51.6
4	3.8	3.7	3.6	3.5	3.4	15	65.3	61.6	60.6	59.5	58.3
5	6.5	6.4	6.2	6.0	5.9	16	70.7	69.0	67.7	66.4	65.4
6	10.0	9.7	9.4	9.2	9.0	17	78.2	76.5	75.1	73.7	72.6
7	14.2	13.6	13.0	12.7	12.4	18	86.0	84.2	82.6	81.5	80.0
8	19.0	18.2	17.7	17.4	17.0	19	94.0	92.2	90.4	89.0	87.8
9	24.5	23.5	22.8	22.6	22.1	20	102.3	100.3	98.3	96.8	95.2
10	30.0	29.2	28.5	28.0	27.5	21	110.7	108.7	106.4	104.8	102.0
11	36.0	35.1	34.4	33.8	32.2	22	119.3	117.1	114.7	112.9	110.0

VAISSEAUX DE 645 LITRES D'UN DIAMÈTRE DE :

H. du liq.	86	87	88	89	90	H. du liq.	86	87	88	89	90
23	128.0	125.6	123.1	121.1	119.1	57	461.8	455.5	449.0	443.5	437.2
24	136.9	134.3	131.7	129.4	127.4	58	471.5	464.9	458.4	452.6	446.5
25	145.9	143.3	140.5	138.7	135.8	59	480.7	474.2	467.8	461.8	455.7
26	155.0	152.4	149.5	147.2	144.4	60	490.0	483.4	477.1	471.0	464.8
27	164.3	161.6	158.6	155.9	153.2	61	499.1	492.6	486.4	480.1	473.9
28	173.7	170.8	167.9	164.9	162.1	62	508.1	501.7	495.5	489.1	482.9
29	183.2	180.1	177.2	174.0	171.1	63	517.0	510.7	504.5	497.8	491.8
30	192.8	189.5	186.6	183.2	180.2	64	525.7	519.4	513.3	506.3	500.6
31	202.5	199.0	196.0	192.4	189.3	65	534.3	527.9	521.4	516.6	509.2
32	212.2	208.5	205.5	201.7	198.5	66	542.7	536.5	530.3	523.9	517.6
33	222.0	218.2	215.0	211.1	207.8	67	551.0	544.7	538.0	532.2	525.9
34	231.9	228.0	224.6	220.5	217.1	68	559.1	552.8	546.7	540.2	534.1
35	241.8	237.8	234.2	230.0	226.5	69	566.8	560.8	554.6	548.2	542.1
36	251.8	247.6	243.9	239.6	235.9	70	574.3	568.5	562.4	556.0	549.9
37	261.8	257.5	253.6	249.2	245.3	71	581.7	576.0	569.9	563.7	557.5
38	271.8	267.4	263.4	258.9	254.8	72	589.0	583.4	577.5	571.3	565.0
39	281.9	277.3	273.2	268.6	264.3	73	596.0	590.4	584.4	578.6	572.4
40	292.0	287.3	283.0	278.3	273.9	74	602.8	597.1	591.3	585.5	579.6
41	302.1	297.3	292.8	288.1	283.5	75	609.1	603.6	597.9	592.2	586.7
42	312.3	307.4	302.6	297.8	293.2	76	615.0	609.9	604.4	598.7	593.4
43	322.5	317.4	312.5	307.6	303.0	77	620.7	615.8	610.6	605.1	599.9
44	332.7	327.6	322.5	317.5	312.8	78	626.0	621.5	616.3	611.2	606.0
45	342.9	337.6	332.5	327.5	322.6	79	630.8	626.8	622.3	617.0	611.8
46	353.0	347.7	342.4	337.4	332.2	80	635.0	631.5	627.3	622.4	617.5
47	363.1	357.7	352.2	347.2	342.0	81	638.6	635.3	632.0	627.6	622.9
48	373.2	367.7	362.0	356.9	351.8	82	641.2	638.6	635.5	632.5	628.0
49	383.2	377.6	371.8	366.7	361.5	83	643.1	641.3	638.8	635.8	632.6
50	393.2	387.5	381.6	376.4	371.1	84	644.2	643.1	641.4	639.0	636.0
51	403.2	397.4	391.4	386.1	380.7	85	644.8	644.2	643.2	641.5	639.1
52	413.1	407.2	401.1	395.8	390.2	86	645.0	644.8	644.2	643.2	641.6
53	423.0	417.0	410.8	405.4	399.7	87	«	645.0	644.8	644.2	643.3
54	432.8	426.8	420.4	415.0	409.4	88	«	«	645.0	644.8	644.2
55	442.5	436.5	430.0	424.5	418.5	89	«	«	«	645.0	644.8
56	452.2	446.0	439.5	433.0	427.9	90	«	«	«	«	645.0

— 41 —

VAISSEAUX DE 650 LITRES D'UN DIAMÈTRE DE :										
H. du fg.	86	87	88	89	90	H. du fg.	86	87	88	89	90
1	«.2	«.2	«.2	«.2	«.2	42	514.7	509.8	504.9	500.0	295.5
2	«.8	«.8	«.8	«.8	«.8	43	525.0	519.9	514.9	510.0	505.5
3	2.0	1.9	1.8	1.8	1.7	44	535.5	530.1	525.0	520.0	515.4
4	3.9	3.8	3.6	5.5	3.4	45	545.5	540.2	535.4	530.0	525.0
5	6.6	6.4	6.2	6.1	6.0	46	555.7	550.3	545.1	540.0	534.9
6	10.1	9.8	9.5	9.3	9.1	47	565.9	560.4	555.1	550.0	544.7
7	14.3	15.7	15.1	12.7	12.4	48	576.1	570.4	565.0	559.9	554.5
8	19.1	18.5	18.0	17.5	17.0	49	586.2	580.4	574.9	569.7	564.3
9	24.4	25.7	23.2	22.8	22.1	50	596.3	590.4	584.7	579.5	573.9
10	30.2	29.4	28.9	28.3	27.6	51	406.5	400.4	594.5	589.2	583.5
11	36.4	35.4	34.8	34.1	33.4	52	416.5	410.3	404.3	598.9	593.1
12	42.6	41.6	40.8	40.2	39.5	53	426.3	420.2	414.4	408.4	402.6
13	49.4	48.2	47.4	46.5	45.5	54	436.2	430.1	425.8	418.4	412.1
14	56.4	55.0	54.0	53.0	52.0	55	446.0	439.8	433.5	427.7	421.6
15	63.7	62.3	61.0	59.8	58.8	56	455.7	449.5	443.1	437.2	431.0
16	71.1	69.7	68.3	67.0	66.0	57	465.5	459.1	452.6	446.7	440.4
17	78.7	77.2	75.7	74.3	73.4	58	474.8	468.6	462.1	456.1	449.8
18	86.5	84.9	85.5	81.9	80.8	59	484.2	478.0	471.8	465.4	459.2
19	94.6	93.0	91.3	89.6	88.3	60	495.5	487.5	480.8	474.7	468.5
20	103.0	101.2	99.4	97.5	95.9	61	502.8	496.5	490.1	483.9	477.7
21	111.5	109.5	107.6	105.6	103.7	62	512.0	505.6	499.3	493.1	486.7
22	120.2	118.0	115.9	113.8	111.7	63	521.0	514.6	508.5	502.1	495.6
23	129.0	126.6	124.5	122.1	119.9	64	529.8	523.4	517.1	510.9	504.4
24	138.0	135.4	132.9	130.5	128.5	65	538.5	532.0	525.7	519.5	513.4
25	147.2	144.4	141.7	139.1	136.9	66	547.0	540.5	534.1	527.9	521.7
26	156.5	153.5	150.7	147.9	145.6	67	555.4	548.8	542.4	536.2	530.1
27	165.8	162.7	159.9	156.9	154.4	68	563.5	557.0	550.6	544.4	538.5
28	175.2	172.0	169.2	166.1	163.7	69	571.5	565.1	558.7	552.5	546.3
29	181.7	181.4	178.5	175.5	172.5	70	578.9	572.8	566.7	560.4	554.1
30	194.3	190.9	187.9	184.6	181.5	71	586.5	580.5	574.5	568.1	561.7
31	204.0	200.5	197.4	193.9	190.8	72	595.6	587.7	581.7	575.6	569.2
32	213.8	210.2	206.9	203.5	200.2	73	600.6	595.0	589.0	585.0	576.6
33	223.7	220.0	216.5	212.8	209.6	74	607.4	601.8	596.0	590.2	584.0
34	233.7	229.8	226.2	222.3	219.0	75	615.6	608.4	602.6	597.0	591.2
35	243.7	239.7	235.6	231.9	228.4	76	619.6	614.6	609.2	603.5	598.8
36	253.7	249.6	245.7	241.5	237.9	77	625.6	620.6	615.2	609.8	604.5
37	263.8	259.6	255.5	251.1	247.5	78	630.9	626.3	621.1	615.9	610.7
38	273.9	269.6	265.5	260.8	256.9	79	635.7	631.5	626.8	621.7	616.6
39	284.1	279.6	275.1	270.5	266.5	80	639.9	636.5	632.0	627.2	622.4
40	294.3	289.6	285.0	280.5	276.1	81	643.4	640.2	636.9	632.5	627.9
41	304.5	299.7	294.9	290.1	285.7	82	646.1	645.6	640.5	637.5	633.0

VAISSEAUX DE 650 LITRES D'UN DIAMÈTRE DE :

H. du liq.	86	87	88	89	90	H. du liq.	86	87	88	89	90
83	648.0	646.2	643.8	640.7	637.6	87	«	650.0	649.8	649.2	648.3
84	649.2	648.1	646.4	643.9	640.9	88	«	«	650.0	649.8	649.2
85	649.8	649.2	648.2	646.5	644.0	89	«	»	«	650.0	649.8
86	650.0	649.8	649.2	648.2	646.6	90	«	«	«	«	650.0

VAISSEAUX DE 655 LITRES D'UN DIAMÈTRE DE :

H.	86	87	88	89	90	H.	86	87	88	89	90
1	«.2	«.2	«.2	«.2	«.2	32	215.5	211.8	208.5	205.0	201.6
2	«.8	«.8	«.8	«.8	«.8	33	225.5	221.7	218.1	214.5	211.0
3	2.0	1.9	1.8	1.8	1.8	34	235.5	231.6	227.9	224.1	220.5
4	3.9	3.8	3.7	3.6	3.4	35	245.6	241.5	237.7	233.7	230.0
5	6.6	6.5	6.3	6.2	6.0	36	255.7	251.5	247.6	243.4	239.6
6	10.1	9.8	9.6	9.4	9.2	37	265.9	261.5	257.5	253.1	249.2
7	14.4	13.8	13.2	12.8	12.5	38	276.1	271.6	267.4	262.6	258.8
8	19.3	18.6	18.0	17.5	17.1	39	286.3	281.7	277.3	272.7	268.5
9	24.6	23.9	23.3	22.9	22.2	40	296.5	291.8	287.3	282.6	278.3
10	30.4	29.7	29.0	28.5	27.9	41	306.8	302.0	297.3	292.5	288.1
11	36.7	35.7	35.0	34.4	33.8	42	317.1	312.2	307.4	302.5	297.9
12	43.1	42.0	41.2	40.5	39.8	43	327.5	322.4	317.4	312.5	307.7
13	49.8	48.6	47.6	46.8	46.0	44	337.9	332.6	327.5	322.5	317.6
14	56.8	55.4	54.4	53.4	52.4	45	348.2	342.8	337.6	332.5	327.6
15	64.0	62.5	61.4	60.2	59.2	46	358.5	353.0	347.6	342.5	337.4
16	71.5	70.0	68.8	67.5	66.5	47	368.7	363.2	357.7	352.5	347.5
17	79.3	77.6	76.3	74.9	73.9	48	378.9	373.5	367.7	362.5	357.4
18	87.3	85.5	83.9	82.4	81.5	49	389.1	383.4	377.7	372.4	366.9
19	95.6	93.7	92.0	90.3	89.2	50	399.3	393.5	387.6	382.3	376.7
20	104.0	102.0	100.2	98.3	97.0	51	409.4	403.5	397.5	392.1	386.5
21	112.5	110.4	108.5	106.5	105.0	52	419.5	413.5	407.4	401.9	396.2
22	121.1	118.9	116.9	114.8	113.1	53	429.5	423.4	417.3	411.6	405.8
23	130.0	127.6	125.4	123.2	121.3	54	439.5	433.3	427.1	421.3	415.4
24	139.1	136.4	134.0	131.7	129.6	55	449.5	443.2	436.9	430.9	425.0
25	148.3	145.4	142.9	140.4	138.0	56	459.5	453.0	446.5	440.5	434.5
26	157.7	154.5	152.0	149.3	146.6	57	469.0	462.7	456.1	450.0	444.0
27	167.4	163.8	161.2	158.3	155.5	58	478.5	472.3	465.6	459.6	453.4
28	176.5	173.2	170.3	167.4	164.6	59	487.9	481.8	475.1	469.0	462.8
29	186.0	182.7	179.9	176.6	173.7	60	497.5	491.2	484.5	478.4	472.1
30	195.7	192.3	189.4	186.0	182.9	61	506.7	500.5	493.8	487.6	481.3
31	205.6	202.0	198.9	195.5	192.2	62	515.9	509.6	503.0	496.7	490.4

VAISSEAUX DE 655 LITRES D'UN DIAMÈTRE DE :

H en lig.	86	87	88	89	90	H. du liq.	86	87	88	89	90
63	525.0	518.6	512.1	505.7	499.5	77	630.4	625.5	620.0	614.5	609.0
64	535.9	527.4	521.0	514.6	508.4	78	635.7	631.1	626.0	620.6	615.2
65	542.5	536.1	529.6	523.3	517.0	79	640.6	636.4	631.7	626.5	621.2
66	551.0	544.6	538.1	531.8	525.4	80	644.9	641.2	637.0	632.4	627.1
67	559.4	553.0	546.5	540.2	535.7	81	648.4	645.2	641.8	637.5	632.8
68	567.7	561.5	554.3	548.5	541.9	82	651.1	648.5	645.4	642.2	637.9
69	575.7	569.5	563.0	556.7	550.0	83	653.0	651.2	648.7	645.0	642.5
70	583.5	577.4	571.1	564.7	558.0	84	654.2	653.1	651.3	648.8	645.8
71	591.0	585.0	578.7	572.6	565.8	85	654.8	654.2	653.2	651.4	649.0
72	598.2	592.5	586.2	580.4	573.5	86	655.0	654.8	654.2	653.2	651.6
73	605.2	599.7	593.6	587.5	581.1	87	«	655.0	654.8	654.2	653.2
74	611.9	606.4	600.6	594.8	588.5	88	«	«	655.0	654.8	654.2
75	618.3	613.0	607.4	601.6	595.8	89	«	«	«	655.0	654.8
76	624.2	619.5	613.8	608.2	602.6	90	«	«	«	«	655.0

VAISSEAUX DE 660 LITRES D'UN DIAMÈTRE DE :

	86	87	88	89	90		86	87	88	89	90
1	«.2	«.2	«.2	«.2	«.2	22	122.1	119.9	117.9	115.9	113.8
2	«.8	«.8	«.8	«.8	«.8	23	131.0	128.6	126.5	124.4	121.8
3	2.0	1.9	1.8	1.8	1.8	24	140.2	137.4	135.2	133.0	130.3
4	4.0	3.8	3.7	3.6	3.4	25	149.5	146.4	144.2	141.8	138.9
5	6.7	6.5	6.4	6.2	6.1	26	158.9	155.6	153.3	150.8	147.7
6	10.2	9.9	9.6	9.4	9.5	27	168.3	165.0	162.5	159.9	156.7
7	14.5	13.9	13.3	12.9	12.7	28	177.8	174.5	171.9	169.0	165.0
8	19.5	18.8	18.0	17.5	17.2	29	187.4	184.1	181.4	178.2	173.1
9	24.8	24.2	23.4	23.0	22.4	30	197.1	193.8	190.9	187.5	184.4
10	30.7	30.0	29.4	28.7	28.2	31	207.0	203.6	200.5	196.9	193.8
11	37.0	36.0	35.3	34.7	34.0	32	217.2	213.5	210.0	206.5	203.2
12	43.5	42.4	41.6	40.8	40.0	33	227.3	223.4	219.8	216.1	212.7
13	50.2	49.0	48.1	47.2	46.2	34	237.4	233.4	229.6	225.8	222.2
14	57.1	55.8	54.8	53.8	52.8	35	247.5	243.4	239.5	235.8	231.6
15	64.4	62.8	61.9	60.7	59.7	36	257.7	253.4	249.5	245.3	241.3
16	72.0	70.3	69.3	68.0	67.0	37	268.0	263.5	259.5	255.1	251.0
17	79.9	78.0	76.8	75.4	74.4	38	278.3	273.6	269.5	265.0	260.8
18	88.1	86.1	84.5	83.0	81.9	39	288.6	283.8	279.5	274.9	270.6
19	96.4	94.4	92.7	91.0	89.6	40	298.9	294.0	289.6	284.8	280.5
20	104.8	102.8	101.0	99.2	97.4	41	309.2	304.3	299.7	294.9	290.4
21	113.5	111.3	109.4	104.1	105.4	42	319.6	314.6	309.8	304.9	300.3

VAISSEAUX DE 660 LITRES D'UN DIAMÈTRE DE :

H. du liq.	86	87	88	89	90	H. du liq.	86	87	88	89	90
43	330.0	324.9	319.9	315.0	310.2	67	563.6	557.2	550.6	544.1	538.2
44	340.4	335.1	330.0	325.0	320.1	68	571.9	565.6	559.0	552.5	546.2
45	350.8	345.4	340.1	335.0	550.0	69	580.1	573.9	567.5	560.8	554.0
46	361.1	355.7	350.2	345.0	339.9	70	588.0	582.0	575.5	569.0	562.6
47	371.4	366.0	360.3	355.1	349.8	71	595.6	589.7	583.2	577.0	570.4
48	381.7	376.2	370.4	365.1	358.7	72	602.9	597.2	590.7	584.6	578.4
49	392.0	386.4	380.5	375.1	369.0	73	609.8	604.2	598.1	592.0	585.6
50	402.3	396.5	390.5	385.1	379.5	74	616.5	611.0	605.2	599.5	593.0
51	412.5	406.6	400.5	395.0	389.4	75	623.0	617.6	611.9	606.2	600.3
52	422.6	416.6	410.5	404.9	399.2	76	629.3	624.0	618.4	612.8	607.2
53	432.7	426.6	420.5	414.7	409.0	77	635.2	630.0	624.7	619.2	613.8
54	442.8	436.6	430.4	424.5	418.7	78	640.5	635.8	630.9	625.3	620.5
55	452.9	446.5	440.2	434.2	428.4	79	645.5	641.2	636.6	631.3	626.0
56	462.9	456.4	449.9	443.9	437.8	80	649.6	646.1	642.0	637.0	631.8
57	472.6	466.2	459.5	453.5	447.3	81	653.5	650.4	646.7	642.5	637.0
58	482.2	475.9	469.1	463.1	456.8	82	656.0	653.5	650.4	647.1	642.8
59	491.7	485.5	478.6	472.5	466.2	83	658.0	656.2	653.7	650.6	647.3
60	501.1	495.0	488.1	481.8	475.6	84	659.2	658.1	656.3	653.8	650.7
61	510.5	504.4	497.5	491.0	484.9	85	659.8	659.2	658.2	656.4	653.9
62	519.8	513.6	506.7	500.1	494.1	86	660.0	659.8	659.2	658.2	656.6
63	529.0	522.6	515.8	509.2	503.5	87	«	660.0	659.8	659.2	658.2
64	537.9	531.4	524.8	518.2	512.3	88	«	«	660.0	659.8	659.2
65	546.7	540.1	533.5	527.0	521.1	89	«	«	«	660.0	659.8
66	555.2	548.7	542.1	535.6	529.7	90	«	«	«	«	660.0

CONTENANCE

EN MILLILITRES

DE CYLINDRES

D'UN CENTIMÈTRE DE HAUTEUR

SUR DES BASES

De un à huit cents centimètres de diamètre.

EXTRAIT

DE LA CIRCULAIRE, N° 116,

du 28 novembre 1835.

Un vaisseau cylindrique ayant la même grosseur dans toute son étendue entre les deux bases, il suffit, pour en déterminer la contenance, de mesurer intérieurement le diamètre et la hauteur, à l'aide de la jauge, de chercher dans le tableau le diamètre reconnu par cette opération, et de multiplier le nombre de millilitres qui s'y rapportent par celui des centimètres de la hauteur. Si l'on avait à jauger un vaisseau cylindrique dont le diamètre serait de 3 mètres et la hauteur de 20 centimètres, on verrait à la table que 3 mètres donnent pour un centimètre de hauteur 70,686 millilitres ; en multipliant ce résultat par 20, nombre de centimètres de la hauteur, on aurait un produit de 1,413,720 millilitres, et la contenance effective du vaisseau serait en forçant la fraction, de 14 hectolitres, 14 litres.

On peut donc, au moyen de ce livret, reconnaître non-seulement la capacité exacte des vaisseaux de forme cylindrique en usage dans les brasseries et distilleries, mais aussi celle de tous les vases ou tonneaux pour lesquels il est possible d'établir un diamètre moyen en les ramenant au cylindre, soit que les bases aient la forme ovale, soit que les fonds reposent sur des cercles égaux ou inégaux : de ce nombre sont les vases qui servent à l'introduction des vendanges.

Lorsque la différence entre les diamètres est de plus de un dixième et que par ce motif il y a impossibilité de calculer approximativement un diamètre moyen, le tableau ne peut servir de guide aux employés mais ils doivent opérer conformément aux indications données par la circulaire n° 20, du 17 septembre 1810 (vol. 5 du *Recueil général*), et notamment par les paragraphes 82 et 83.

diamètres des cylindres	contenances.	diamètres des cylindres	contenances.	diamètres des cylindres	contenances.	diamètres des cylindres	contenances.
m. c.	l. m.	m. c.	l. m.	m. c.	l. m.	m. c.	l. m.
0.01	0.001	0.41	1.320	0,81	5.153	1.21	11.499
0.02	0.003	0.42	1.385	0.82	5.281	1.22	11.690
0.03	0.007	0.43	1.452	0.83	5.411	1.23	11.882
0.04	0.013	0.44	1.521	0.84	5.542	1.24	12.076
0.05	0.020	0.45	1.590	0.85	5.676	1.25	12.272
0.06	0.028	0.46	1.662	0.86	5.809	1.26	12.469
0.07	0.038	0.47	1.735	0.87	5.945	1.27	12.668
0.08	0.050	0.48	1.810	0.88	6.082	1.28	12.868
0.09	0.064	0.49	1.886	0.89	6.221	1.29	13.070
0.10	0.079	0.50	1.964	0.90	6.362	1.30	13.273
0.11	0.095	0.51	2.043	0.91	6.504	1.31	13.478
0.12	0.113	0.52	2.124	0.92	6.648	1.32	13.685
0.13	0.133	0.53	2.206	0.93	6.793	1.33	13.893
0.14	0.154	0.54	2.290	0.94	6.940	1.34	14.105
0.15	0.177	0.55	2.376	0.95	7.088	1.35	14.314
0.16	0.201	0.56	2.463	0.96	7.238	1.36	14.527
0.17	0.227	0.57	2.552	0.97	7.390	1.37	14.741
0.18	0.254	0.58	2.642	0.98	7.543	1.38	14.957
0.19	0.284	0.59	2.734	0.99	7.698	1.39	15.175
0.20	0.314	0.60	2.827	1.00	7.854	1.40	15.394
0.21	0.346	0.61	2.922	1.01	8.012	1.41	15.616
0.22	0.380	0.62	3.019	1.02	8.171	1.42	15.837
0.23	0.415	0.63	3.117	1.03	8.332	1.43	16.061
0.24	0.452	0.64	3.217	1.04	8.495	1.44	16.286
0.25	0.491	0.65	3.318	1.05	8.659	1.45	16.513
0.26	0.531	0.66	3.421	1.06	8.825	1.46	16.742
0.27	0.573	0.67	3.526	1.07	8.992	1.47	16.972
0.28	0.616	0.68	3.632	1.08	9.161	1.48	17.203
0.29	0.661	0.69	3.739	1.09	9.331	1.49	16.437
0.30	0.707	0.70	3.848	1.10	9.503	1.50	17.671
0.31	0.755	0.71	3.959	1.11	9.677	1.51	17.908
0.32	0.804	0.72	4.072	1.12	9.852	1.52	18.146
0.33	0.855	0.73	4.185	1.13	10.029	1.53	18.386
0.34	0.908	0.74	4.301	1.14	10.207	1.54	18.627
0.35	0.962	0.75	4.418	1.15	10.387	1.55	18.860
0.36	1.018	0.76	4.536	1.16	10.568	1.56	19.113
0.37	1.075	0.77	4.657	1.17	10.751	1.57	19.360
0.38	1.134	0.78	4.778	1.18	10.936	1.58	19.607
0.39	1.195	0.79	4.902	1.19	11.122	1.59	19.858
0.40	1.257	0.80	5.027	1.20	11.310	1.60	20.106

diamètres des cylindres	contenances.	diamètres des cylindres	contenances.	diamètres des cylindres	contenances.	diamètres des cylindres	contenances.
m. c.	l. m.	m. c.	l. m.	m. c.	l. m.	m. c.	l. m.
1.61	20.358	2.01	31.751	2.41	45.617	2.81	62.016
1.62	20.612	2.02	32.047	2.42	45.996	2.82	62.458
1.63	20.867	2.03	32.365	2.43	46.377	2.83	62.902
1.64	21.124	2.04	32.685	2.44	46.759	2.84	63.347
1.65	21.382	2.05	33.006	2.45	47.144	2.85	63.794
1.66	21.642	2.06	33.329	2.46	47.529	2.86	64.242
1.67	21.904	2.07	33.654	2.47	47.916	2.87	64.692
1.68	22.167	2.08	33.979	2.48	48.305	2.88	65.144
1.69	22.432	2.09	34.307	2.49	48.695	2.89	65.597
1.70	22.698	2.10	34.636	2.50	49.087	2.90	66.052
1.71	22.966	2.11	34.967	2.51	49.481	2.91	66.508
1.72	23.235	2.12	35.299	2.52	49.876	2.92	66.966
1.73	23.506	2.13	35.633	2.53	50.273	2.93	67.426
1.74	23.779	2.14	35.968	2.54	50.671	2.94	67.887
1.75	24.053	2.15	36.305	2.55	51.071	2.95	68.349
1.76	24.328	2.16	36.644	2.56	51.472	2.96	68.813
1.77	24.606	2.17	36.984	2.57	51.875	2.97	69.279
1.78	24.885	2.18	37.326	2.58	52.279	2.98	69.746
1.79	25.165	2.19	37.668	2.59	52.685	2.99	70.215
1.80	25.447	2.20	38.013	2.60	53.093	3.00	70.686
1.81	25.730	2.21	38.360	2.61	53.502	3.01	71.158
1.82	26.016	2.22	38.708	2.62	53.913	3.02	71.631
1.83	26.302	2.23	39.057	2.63	54.325	3.03	72.107
1.84	26.590	2.24	39.408	2.64	54.739	3.04	72.583
1.85	26.880	2.25	39.761	2.65	55.155	3.05	73.062
1.86	27.162	2.26	40.115	2.66	55.572	3.06	73.542
1.87	27.465	2.27	40.471	2.67	55.990	3.07	74.023
1.88	27.759	2.28	40.828	2.68	56.410	3.08	74.506
1.89	28.055	2.29	41.187	2.69	56.832	3.09	74.991
1.90	28.353	2.30	41.548	2.70	57.256	3.10	75.477
1.91	28.652	2.31	41.910	2.71	57.680	3.11	75.965
1.92	28.953	2.32	42.273	2.72	58.107	3.12	76.454
1.93	29.255	2.33	42.638	2.73	58.535	3.13	76.945
1.94	29.559	2.34	43.005	2.74	58.965	3.14	77.437
1.95	29.865	2.35	43.374	2.75	59.396	3.15	77.931
1.96	30.172	2.36	43.744	2.76	59.828	3.16	78.427
1.97	30.481	2.37	44.115	2.77	60.263	3.17	78.924
1.98	30.791	2.38	44.488	2.78	60.699	3.18	79.423
1.99	31.103	2.39	44.863	2.79	61.136	3.19	79.923
2.00	31.416	2.40	45.239	2.80	61.575	3.20	80.425

diamètres des cylindres	contenances	diamètres des cylindres	contenances	diamètres des cylindres	contenances	diamètres des cylindres	contenances
m. c.	l. m.	m. c.	l. m.	m. c.	l. m.	m. c.	l. m.
3.21	80.928	3.61	102.354	4.01	126.295	4.41	152.746
3.22	81.433	3.62	102.922	4.02	126.923	4.42	153.439
3.23	81,940	3.63	103.491	4.03	127.556	4.43	154.134
3.24	82.448	3.64	104.062	4.04	128.190	4.44	154.850
3.25	82.958	3.65	104.635	4.05	128.825	4.45	155.528
3.26	83.469	3.66	105.009	4.06	129.462	4.46	156.228
3.27	83.982	3.67	105.784	4.07	130.100	4.47	156.950
3.28	84.496	3.68	106.362	4.08	130.741	4.48	157.653
3.29	85.012	3.69	106.941	4.09	131.382	4.49	158.537
3.30	85.530	3.70	107.521	4.10	132.065	4.50	159.043
3.31	86.049	3.71	108.103	4.11	132.670	4.51	159.754
3.32	86.570	3.72	108.687	4.12	133.317	4.52	160.460
3.33	87.092	3.73	109.272	4.13	133.965	4.53	161.171
3.34	87.616	3.74	109.858	4.14	134.614	4.54	161.885
3.35	88.141	3.75	110.447	4.15	135.265	4.55	162.597
3.36	88.668	3.76	111.036	4.16	135.918	4.56	163.313
3.37	89.197	3.77	111.628	4.17	056.572	4.57	164.030
3.38	89.727	3.78	112.221	4.18	137.228	4.58	164.748
3.39	90.259	3.79	112.815	4.19	137.885	4.59	165.468
3.40	90.792	3.80	113.411	4.20	138.544	4.60	166.190
3.41	91.327	3.81	114.009	4.21	139.205	4.61	166.914
3.42	91.865	3.82	114.608	4.22	139.867	4.62	167.639
3.43	92.401	3.83	115.201	4.23	140.531	4.63	168.365
3.44	92.941	3.84	115.812	4.24	141.196	4.64	169.093
3.45	93.482	3.85	116.416	4.25	141.863	4.65	169.825
3.46	94.025	3.86	117.021	4.26	142.531	4.66	170.554
3.47	94.569	3.87	117.628	4.27	143.201	4.67	171.287
3.48	95.115	3.88	118.237	4.28	143.872	4.68	172.024
3.49	95,662	3.89	118.847	4.29	144.545	4.69	172.757
3.50	96.211	3.90	119.459	4.30	145.220	4.70	173.494
3.51	96.762	3.91	120.072	4.31	145.896	4.71	174.234
3.52	97.314	3.92	120.687	4.32	146.574	4.72	174.974
3.53	97.868	3.93	121.304	4.33	147.254	4.73	175.716
3.54	98.423	3.94	121.922	4.34	147.934	4.74	176.460
3.55	98.980	3.95	122.542	4.35	148.617	4.75	177.205
3.56	99.538	3.96	123.163	4.36	149.301	4.76	177.952
3.57	100.098	3.97	123.786	4.37	149.987	4.77	178.701
3.58	100.660	3.98	124.410	4.38	150.674	4.78	179.451
3.59	101.223	3.99	125.036	4.39	151.365	4.79	180.203
3.60	101.788	4.00	125.664	4.40	152.053	4.80	180.956

diamètres des cylindres	contenances	diamètres des cylindres	contenances	diamètres des cylindres	contenances	diamètres des cylindres	contenances
m. c.	l. m.	m. c.	l. m.	m. c.	l. m.	m. c.	l. m.
4.81	181.711	5.21	213.189	5.61	247.181	6.01	283.687
4.82	182.467	5.22	214.008	5.62	248.063	6.02	284.634
4.83	183.225	5.23	214.829	5.63	248.947	6.03	285.578
4.84	183.984	5.24	215.054	5.64	249.852	6.04	286.526
4.85	184.745	5.25	216.475	5.65	250.719	6.05	287.475
4.86	185.508	5.26	217.501	5.66	251.607	6.06	288.426
4.87	186.272	5.27	218.128	5.67	252.497	6.07	289.579
4.88	187.038	5.28	218.956	5.68	253.588	6.08	290.533
4.89	187.805	5.29	219.787	5.69	254.281	6.09	291.289
4.90	188.574	5.30	220.618	5.70	255.176	6.10	292.247
4.91	189.345	5.31	221.452	5.71	256.072	6.11	293.206
4.92	190.117	5.32	222.287	5.72	256.970	6.12	294.166
4.93	190.890	5.33	223.125	5.73	257.869	6.13	295.128
4.94	191.665	5.34	223.961	5.74	258.770	6.14	296.092
4.95	192.442	5.35	224.801	5.75	259.672	6.15	297.057
4.96	193.221	5.36	225.642	5.76	260.576	6.16	298.024
4.97	194.000	5.37	226.484	5.77	261.482	6.17	298.992
4.98	194.782	5.38	227.329	5.78	262.389	6.18	299.962
4.99	195.565	5.39	228.175	5.79	263.298	6.19	300.934
5.00	196.350	5.40	229.022	5.80	264.208	6.20	301.907
5.01	197.136	5.41	229.871	5.81	265.120	6.21	302.882
5.02	197.925	5.42	230.722	5.82	266.033	6.22	303.858
5.03	198.715	5.43	231.572	5.83	266.948	6.23	304.836
5.04	199.504	5.44	232.424	5.84	267.865	6.24	305.815
5.05	200.296	5.45	233.288	5.85	268.783	6.25	306.796
5.06	201.090	5.46	234.143	5.86	269.703	6.26	307.779
5.07	201.886	5.47	234.990	5.87	270.624	6.27	308.763
5.08	202.683	5.48	235.858	5.88	271.547	6.28	309.748
5.09	203.482	5.49	236.720	5.89	272.471	6.29	310.736
5.10	204.282	5.50	237.585	5.90	273.397	6.30	311.725
5.11	205.084	5.51	258.446	5.91	274.325	6.31	312.715
5.12	205.887	5.52	239.314	5.92	275.254	6.32	313.707
5.13	206.622	5.53	240.182	5.93	276.184	6.33	314.700
5.14	207.499	5.54	241.054	5.94	277.117	6.34	315.696
5.15	208.307	5.55	241.925	5.95	278.051	6.35	316.692
5.16	209.117	5.56	242.798	5.96	278.986	6.36	317.690
5.17	209.928	5.57	243.669	5.97	279.925	6.37	318.690
5.18	210.741	5.58	244.545	5.98	280.862	6.38	319.692
5.19	211.556	5.59	245.422	5.99	281.802	6.39	320.695
5.20	212.372	5.60	246.301	6.00	282.743	6.40	321.699

diamètres des cylindres	contenances.	diamètres des cylindres	contenances.	diamètres des cylindres	contenances.	diamètres des cylindres	contenances.
m. c.	l. m.	m. c.	l. m.	m. c.	l. m.	m. c.	l. m.
6.41	322.705	6.81	364.247	7.21	408.282	7.61	454.841
6.42	323.713	6.82	365.308	7.22	409.415	7.62	456.057
6.43	324.722	6.83	366.380	7.23	410.550	7.63	457.254
6.44	325.733	6.84	367.453	7.24	411.687	7.64	458.454
6.45	326.645	6.85	368.528	7.25	412.825	7.65	459.635
6.46	327.759	6.86	369.605	7.26	413.965	7.66	460.857
6.47	328.775	6.87	370.684	7.27	416.106	7.67	462.041
6.48	329.792	6.88	371.764	7.28	416.248	7.68	463.247
6.49	330.810	6.89	372.845	7.29	417.393	7.69	464.454
6.50	331.854	6.90	373.928	7.30	418.559	7.70	465.665
6.51	332.855	6.91	375.015	7.31	419.686	7.71	466.975
6.52	333.876	6.92	376.099	7.32	420.855	7.72	468.085
6.53	334.901	6.93	377.187	7.33	421.986	7.73	469.298
6.54	335.927	6.94	378.276	7.34	423.138	7.74	470.515
6.55	336.955	6.95	379.567	7.35	424.292	7.75	471.620
6.56	337.985	6.96	380.460	7.36	425.447	7.76	472.948
6.57	339.016	6.97	381.553	7.37	426.604	7.77	474.168
6.58	340.049	6.98	382.649	7.38	427.762	7.78	475.389
6.59	341.084	6.99	383.746	7.39	428.922	7.79	476.612
6.60	342.119	7.00	384.845	7.40	430.084	7.80	477.836
6.61	343.157	7.01	385.945	7.41	431.247	7.81	479.062
6.62	344.196	7.02	387.047	7.42	432.412	7.82	480.290
6.63	345.237	7.03	388.151	7.43	433.578	7.83	481.519
6.64	346.279	7.04	389.256	7.44	434.746	7.84	482.750
6.65	347.323	7.05	390.363	7.45	435.916	7.85	484.082
6.66	349.268	7.06	391.471	7.46	437.087	7.86	485.216
6.67	349.415	7.07	392.580	7.47	438.259	7.87	486.454
6.68	350.464	7.08	393.662	7.48	439.433	7.88	487.688
6.69	351.514	7.09	394.805	7.49	440.679	7.89	488.927
6.70	352.565	7.10	395.919	7.50	441.787	7.90	490.167
6.71	353.618	7.11	397.055	7.51	442.965	7.91	491.609
6.72	354.672	7.12	398.155	7.52	444.146	7.92	492.452
6.73	355.750	7.13	399.272	7.53	445.328	7.93	493.887
6.74	356.788	7.14	400.395	7.54	446.511	7.94	495.145
6.75	357.847	7.15	401.515	7.55	447.697	7.95	496.394
6.76	358.908	7.16	402.659	7.56	448.885	7.96	497.644
6.77	359.971	7.17	403.765	7.57	450.072	7.97	498.892
6.78	361.035	7.18	404.892	7.58	451.262	7.98	500.145
6.79	362.101	7.19	406.020	7.59	452.455	7.99	501.399
6.80	363.168	7.20	407.150	7.60	453.646	8.00	502.665

TABLE
DE RICHESSE EN ALCOOL
DES LIQUIDES SPIRITUEUX

DONNANT

LE NOMBRE DE LITRES D'ALCOOL, A LA TEMPÉRATURE DE 15°,
QUE CONTIENNENT 100 LITRES D'UN LIQUIDE
SPIRITUEUX, POUR CHAQUE INDICATION DE L'ALCOOMÈTRE, A TOUTES
LES TEMPÉRATURES, DE 0° A 30°.

temp.	1ᶜ	2ᶜ	3ᶜ	4ᶜ	5ᶜ	6ᶜ	7ᶜ	8ᶜ	9ᶜ	10ᶜ
0°	1,3	2,4	3,4	4,4	5,4	6,5	7,5	8,6	9,7	10,9
1										
2										
3										
4										
5	1,4	2,5	3,5	4,5	5,5	6,6	7,7	8,7	9,8	10,9
6										
7										
8										
9										
10	1,4	2,4	3,4	4,5	5,5	6,5	7,5	8,5	9,5	10,6
11	1,3	2,4	3,4	4,4	5,4	6,4	7,4	8,4	9,4	10,5
12	1,2	2,3	3,3	4,3	5,3	6,3	7,3	8,3	9,3	10,4
13	1,2	2,2	3,2	4,2	5,2	6,2	7,2	8,2	9,2	10,3
14	1,1	2,1	3,1	4,1	5,1	6,1	7,1	8,1	9,1	10,2
15	1	2	3	4	5	6	7	8	9	10
16	0,9	1,9	2,9	3,9	4,9	5,9	6,9	7,9	8,9	9,9
17	0,8	1,8	2,8	3,8	4,8	5,8	6,8	7,8	8,8	9,8
18	0,7	1,7	2,7	3,7	4,7	5,7	6,7	7,7	8,7	9,7
19	0,6	1,6	2,6	3,6	4,6	5,6	6,6	7,6	8,6	9,6
20	0,5	1,5	2,4	3,4	4,4	5,4	6,4	7,3	8,3	9,3
21	0,4	1,4	2,3	3,3	4,3	5,2	6,2	7,1	8,1	9,1
22	0,3	1,3	2,2	3,2	4,1	5,1	6,1	7	7,9	8,9
23	0,1	1,1	2,1	3,1	4	4,9	5,9	6,8	7,8	8,7
24	0,0	1	1,9	2,9	3,8	4,8	5,8	6,7	7,6	8,5
25	....	0,8	1,7	2,7	3,6	4,6	5,5	6,5	7,4	8,3
26	....	0,7	1,6	2,6	3,5	4,4	5,4	6,3	7,2	8,1
27	....	0,5	1,5	2,4	3,3	4,3	5,2	6,1	7	7,9
28	....	0,3	1,3	2,2	3,1	4,1	5	5,9	6,8	7,7
29	....	0,1	1,1	2	2,9	3,9	4,8	5,7	6,6	7,5
30	....	0,0	0,9	1,9	2,7	3,7	4,6	5,5	6,4	7,3

temp.	11°	12°	13°	14°	15°	16°	17°	18°	19°	20°
0	12.2	13.4	14.7	16.1	17.5	19	20.4	21.7	23	24.5
1	......	13.4	14.7	16	17.3	18.7	20.1	21.4	22.7	24
2	......	13.4	14.7	16	17.2	18.6	19.9	21.2	22.4	23.7
3	......	13.3	14.6	15.9	17.1	18.5	19.7	20.9	22.1	23.4
4	......	13.3	14.5	15.8	16.9	18.1	19.4	20.7	21.9	23.1
5	12.1	13.2	14.4	15.7	16.8	18	19.2	20.5	21.6	22.8
6	......	13.1	14.3	15.6	16.7	17.8	19	20.3	21.4	22.5
7	......	13	14.2	15.4	16.6	17.7	18.8	20	21	22.1
8	......	13	14.1	15.3	16.4	17.5	18.6	19.7	20.7	21.8
9	......	12.9	14	15.1	16.2	17.3	18.4	19.5	20.5	21.6
10	11.7	12.7	13.8	14.9	16	17	18.1	19.2	20.2	21.3
11	11.6	12.6	13.6	14.7	15.8	16.8	17.9	19	20	21
12	11.5	12.5	13.5	14.6	15.6	16.6	17.6	18.7	19.7	20.7
13	11.4	12.4	13.4	14.4	15.4	16.4	17.4	18.5	19.5	20.5
14	11.2	12.2	13.2	14.2	15.2	16.2	17.2	18.2	19.2	20.2
15	11	12	13	14	15	16	17	18	19	20
16	10.9	11.9	12.9	13.9	14.9	15.9	16.9	17.8	18.7	19.7
17	10.8	11.7	12.7	13.7	14.7	15.6	16.6	17.5	18.4	19.4
18	10.7	11.6	12.5	13.5	14.5	15.4	16.3	17.3	18.2	19.1
19	10.5	11.4	12.4	13.3	14.3	15.2	16.1	17	17.9	18.8
20	10.3	11.2	12.2	13.1	14	14.9	15.8	16.7	17.6	18.5
21	10.1	11	11.9	12.8	13.7	14.6	15.5	16.4	17.3	18.2
22	9.9	10.8	11.7	12.6	13.5	14.4	15.3	16.2	17	17.9
23	9.7	10.6	11.5	12.4	13.3	14.1	15	15.9	16.7	17.6
24	9.5	10.4	11.3	12.2	13.1	13.9	14.8	15.7	16.5	17.4
25	9.3	10.2	11.1	12	12.8	13.6	14.5	15.4	16.2	17.1
26	9	9.9	10.8	11.7	12.6	13.4	14.2	15.1	15.9	16.7
27	8.8	9.7	10.6	11.5	12.3	13.1	13.9	14.8	15.6	16.4
28	8.6	9.5	10.3	11.2	12	12.8	13.6	14.4	15.2	16
29	8.4	9.2	10.1	11	11.7	12.5	13.3	14.1	14.9	15.7
30	8.1	9	9.8	10.7	11.5	12.3	13	13.8	14.6	15.4

temp.	21°	22°	23°	24°	25°	26°	27°	28°	29°	30°
0	25.7	27.1	28.5	29.9	31.1	32.3	33.4	34.5	35.6	36.6
1	25.4	26.8	28.1	29.4	30.6	31.8	32.9	34	35.1	36.1
2	25	26.4	27.6	28.9	30.2	31.4	32.5	33.5	34.6	35.6
3	24.7	26	27.3	28.6	29.8	31	32.1	33.1	34.1	35.2
4	24.4	25.7	26.9	28.1	29.3	30.6	31.6	32.7	33.7	34.7
5	24.1	25.3	26.5	27.7	28.9	30.1	31.2	32.5	33.3	34.3
6	23.7	25	26.1	27.3	28.1	29.7	30.8	31.8	32.8	33.8
7	23.4	24.7	25.8	27	28.4	29.3	30.3	31.3	32.3	33.3
8	23	24.2	25.4	26.6	27.7	28.9	29.9	30.9	31.9	32.9
9	22.7	23.9	25	26.2	27.3	28.5	29.5	30.5	31.5	32.5
10	22.4	23.5	24.6	25.8	26.9	28	29.1	30.1	31.1	32.1
11	22.1	23.2	24.3	25.4	26.5	27.7	28.7	29.7	30.7	31.7
12	21.8	22.9	24	25.1	26.1	27.2	28.2	29.2	30.2	31.2
13	21.5	22.6	23.7	24.7	25.7	26.8	27.8	28.8	29.8	30.8
14	21.2	22.3	23.3	24.3	25.3	26.4	27.4	28.4	29.4	30.4
15	21	22	23	24	25	26	27	28	29	30
16	20.7	21.7	22.7	23.7	24.7	25.7	26.6	27.6	28.6	29.6
17	20.4	21.4	22.4	23.4	24.4	25.4	26.3	27.3	28.2	29.2
18	20.1	21.1	22	23	24	25	25.9	26.9	27.8	28.8
19	19.8	20.8	21.7	22.7	23.6	24.6	25.5	26.4	27.5	28.3
20	19.5	20.5	21.4	22.4	23.3	24.3	25.2	26.1	27	27.9
21	19.1	20.1	21.1	22.1	22.9	23.9	24.8	25.6	26.6	27.5
22	18.8	19.8	20.7	21.6	22.5	23.5	24.3	25.2	26.2	27.1
23	18.5	19.4	20.3	21.3	22.2	23.1	24	24.9	25.8	26.7
24	18.2	19.1	20	21	21.8	22.7	23.6	24.5	25.4	26.3
25	17.9	18.8	19.7	20.6	21.5	22.4	23.2	24.2	25.1	26
26	17.6	18.5	19.4	20.3	21.2	22.1	22.9	23.8	24.7	25.6
27	17.3	18.2	19.1	20	20.8	21.7	22.6	23.5	24.3	25.2
28	16.9	17.9	18.8	19.6	20.5	21.4	22.2	23.1	23.9	24.8
29	16.6	17.5	18.4	19.3	20.2	21	21.8	22.7	23.6	24.4
30	16.3	17.2	18.1	19	19.8	20.7	21.5	22.4	23.2	24

temp.	31°	32°	33°	34°	35°	36°	37°	38°	39°	40°
0	37.6	38.6	39.6	40.6	41.5	42.5	43.5	44.4	45.4	46.4
1	37.1	38.1	39.1	40.1	41.2	42.2	43.1	44.1	45	46
2	36.7	37.7	38.7	39.7	40.7	41.7	42.7	43.7	44.6	45.5
3	36.2	37.3	38.3	39.3	40.3	41.3	42.3	43.2	44.2	45.2
4	35.7	36.7	37.7	38.8	39.8	40.8	41.8	42.8	43.8	44.8
5	35.3	36.3	37.3	38.3	39.3	40.3	41.4	42.4	43.4	44.3
6	34.9	35.9	36.9	37.9	38.9	39.9	40.9	41.9	42.9	43.9
7	34.3	35.4	36.4	37.4	38.4	39.4	40.4	41.4	42.4	43.4
8	33.9	34.9	35.9	36.9	38	39	40	41	42	43
9	33.5	34.5	35.5	36.5	37.5	38.6	39.6	40.6	41.6	42.6
10	33.1	34.1	35.1	36.1	37.1	38.1	39.1	40.1	41.1	42.1
11	32.7	33.7	34.7	35.7	36.7	37.7	38.7	39.7	40.7	41.7
12	32.2	33.2	34.3	35.3	36.3	37.5	38.3	39.3	40.3	41.3
13	31.8	32.8	33.8	34.8	35.8	36.8	37.8	38.8	39.8	40.9
14	31.4	32.4	33.4	34.4	35.4	36.4	37.4	38.4	39.4	40.4
15	31	32	33	34	35	36	37	38	39	40
16	30.6	31.6	32.5	33.5	34.5	35.5	36.5	37.5	38.5	39.5
17	30.2	31.2	32.1	33.1	34.1	35.1	36.1	37.1	38.1	39.1
18	29.8	30.8	31.7	32.6	33.6	34.6	35.6	36.6	37.6	38.6
19	29.5	30.3	31.2	32.2	33.2	34.2	35.2	36.2	37.2	38.2
20	28.9	29.9	30.8	31.8	32.8	33.8	34.8	35.8	36.8	37.8
21	28.5	29.5	30.4	31.4	32.4	33.4	34.4	35.4	36.4	37.4
22	28.1	29.1	30	31	32	33	34	35	36	36.9
23	27.7	28.7	29.6	30.6	31.6	32.6	33.5	34.5	35.5	36.5
24	27.3	28.3	29.2	30.2	31.1	32.1	33.1	34.1	35.1	36.1
25	26.9	27.9	28.8	29.7	30.7	31.7	32.7	33.7	34.7	35.7
26	26.5	27.5	28.4	29.3	30.3	31.3	32.3	33.3	34.3	35.3
27	26.1	27.1	27.9	28.9	29.9	30.9	31.9	32.9	33.9	34.8
28	25.7	26.6	27.5	28.5	29.5	30.5	31.5	32.5	33.5	34.4
29	25.2	26.2	27.1	28.1	29.1	30.1	31.1	32.1	33.1	34
30	24.9	25.8	26.7	27.7	28.7	29.7	30.7	31.6	32.6	33.6

— 56 —

temp	41°	42°	43°	44°	45°	46°	47°	48°	49°	50°
0°	47.4	48.4	49.5	50.5	51.5	52.3	53.2	54.1	55.1	56.1
1	47	48	48.9	49.9	50.8	51.8	52.8	53.7	54.7	55.7
2	46.5	47.5	48.5	49.5	50.4	51.4	52.3	53.3	54.3	55.3
3	46.2	47.4	48.1	49	50	51	52	52.9	53.9	54.8
4	45.8	46.7	47.7	48.7	49.6	50.6	51.5	52.5	53.5	54.5
5	45.5	46.2	47.2	48.2	49.2	50.2	51.4	52.1	53.1	54
6	44.9	45.8	46.8	47.8	48.8	49.8	50.8	51.7	52.7	53.7
7	44.4	45.4	46.4	47.4	48.4	49.4	50.4	51.3	52.3	53.2
8	44	45	46	47	47.9	48.9	49.9	50.9	51.9	52.9
9	43.6	44.6	45.6	46.6	47.5	48.5	49.5	50.5	51.5	52.5
10	43.1	44.1	45.1	46.1	47.1	48.1	49.1	50.1	51.1	52
11	42.7	43.7	44.7	45.7	46.7	47.7	48.7	49.7	50.7	51.7
12	42.5	43.3	44.3	45.3	46.3	47.3	48.3	49.3	50.3	51.3
13	41.9	42.9	43.9	44.9	45.9	46.9	47.9	48.9	48.9	50.9
14	41.4	32.4	43.4	44.4	45.4	46.4	47.4	48.4	49.4	50.4
15	41	42	43	44	45	46	47	48	49	50
16	40.6	41.6	42.6	43.6	44.6	45.6	46.6	47.6	48.6	49.6
17	40.1	41.1	42.1	43.1	44.1	45.2	46.2	47.2	48.2	49.2
18	39.7	40.7	41.7	42.7	43.7	44.8	45.8	46.8	47.8	48.8
19	39.5	40.5	41.3	42.4	43.4	44.4	45.4	46.4	47.4	48.4
20	38.9	39.9	40.9	42	43	44	45	46	47	48
21	38.4	39.4	40.4	41.5	42.5	43.5	44.5	45.6	46.6	47.6
22	38	39	40	41.1	42.1	43.1	44.1	45.1	46.1	47.3
23	37.6	38.6	39.6	40.6	41.6	42.6	43.6	44.6	45.7	46.7
24	37.2	38.2	39.2	40.2	41.2	42.2	43.3	44.3	45.3	46.3
25	36.7	37.7	38.7	39.8	40.8	41.9	42.9	43.9	44.9	46
26	36.3	37.3	38.3	39.4	40.4	41.5	42.5	43.5	44.5	45.5
27	35.9	36.9	37.9	39	40	41.1	42.1	43.1	44.1	45.1
28	35.4	36.5	37.5	38.6	39.6	40.6	41.6	42.6	43.7	44.7
29	35	36	37.1	38.1	39.1	40.2	41.2	42.2	43.3	44.3
30	34.6	35.6	36.6	37.7	38.7	39.8	40.8	41.8	42.8	43.8

temp.	51°	52°	53°	54°	55°	56°	57°	58°	59°	60°
0	57.1	58	59	59.9	60.9	61.9	62.9	63.9	64.9	65.8
1	56.7	57.6	58.6	59.6	60.6	61.6	62.5	63.5	64.5	65.5
2	56.3	57.2	58.2	59.2	60.2	61.2	62.1	63.1	64.1	65.1
3	55.8	56.8	57.8	58.8	59.8	60.8	61.7	62.7	63.7	64.7
4	55.5	56.5	57.4	58.4	59.4	60.3	61.3	62.3	63.3	64.5
5	55	56	57	58	59	60	60.9	61.9	62.9	63.9
6	54.7	55.6	56.6	57.5	58.5	59.5	60.5	61.5	62.5	63.5
7	54.2	55.2	56.2	57.1	58.1	59.1	60.1	61.1	62.1	63.1
8	53.9	54.9	55.8	56.8	57.8	58.8	59.8	60.8	61.8	62.8
9	53.5	54.5	55.4	56.4	57.4	58.4	59.4	60.4	61.4	62.4
10	53	54	55	56	57	58	59	60	61	62
11	52.7	53.7	54.6	55.6	56.6	57.6	58.6	59.6	60.6	61.6
12	52.2	53.2	54.2	55.2	56.2	57.2	58.2	59.2	60.2	61.2
13	51.9	52.8	53.8	54.8	55.8	56.8	57.8	58.8	59.8	60.8
14	51.4	52.4	53.4	54.4	55.4	56.4	57.4	58.4	59.4	60.4
15	51	52	53	54	55	56	57	58	59	60
16	50.6	51.6	52.6	53.6	54.6	55.6	56.6	57.6	58.6	59.6
17	50.2	51.2	52.2	53.2	54.2	55.2	56.2	57.2	58.2	59.2
18	49.8	50.8	51.8	52.8	53.8	54.8	55.8	56.8	57.8	58.8
19	49.4	50.4	51.4	52.4	53.4	54.4	55.4	56.4	57.4	58.4
20	49	50	51	52	53	54	55	56	57	58
21	48.6	49.6	50.6	51.6	52.6	53.6	54.6	55.6	56.6	57.6
22	48.1	49.1	50.1	51.1	52.2	53.2	54.2	55.2	56.2	57.2
23	47.7	48.8	49.8	50.8	51.8	52.8	53.8	54.8	55.8	56.8
24	47.3	48.4	49.4	50.4	51.4	52.4	53.4	54.4	55.4	56.4
25	47	48	49	50	51	52	53	54	55	56
26	46.5	47.5	48.5	49.5	50.5	51.5	52.5	53.5	54.5	55.6
27	46.1	47.1	48.1	49.1	50.2	51.2	52.2	53.2	54.2	55.2
28	45.7	46.7	47.7	48.7	49.8	50.8	51.8	52.8	53.8	54.8
29	45.3	46.3	47.3	48.4	49.4	50.4	51.4	52.4	53.4	54.4
30	44.9	45.9	47	48	49	50	51	52	53	54

temp	61°	62°	63°	64°	65°	66°	67°	68°	69°	70°
0	66.8	67.8	68.8	69.8	70.8	71.7	72.7	73.7	74.7	75.7
1	66.5	67.5	68.5	69.4	70.4	71.3	72.3	73.3	74.5	75.3
2	66.1	67.1	68.1	69.1	70.1	71.	71.9	72.9	75.9	74.9
3	65.6	66.6	67.6	68.6	69.6	70.6	71.6	72.6	73.6	74.5
4	65.3	66.3	67.3	68.3	69.3	70.2	71.2	72.2	73.2	74.1
5	64.9	65.9	66.9	67.9	68.9	69.8	70.8	71.8	72.8	73.8
6	64.5	65.5	66.5	67.5	68.5	69.5	70.5	71.5	72.5	73.4
7	64.1	65.1	66.1	67.1	68.1	69.1	70.1	71.1	72	73
8	63.8	64.8	65.8	66.8	67.7	68.7	69.7	70.6	71.6	72.6
9	63.4	64.4	65.4	66.4	67.3	68.3	69.3	70.3	71.3	72.3
10	63	64	65	66	67	67.9	68.9	69.9	70.9	71.9
11	62.6	63.6	64.6	65.6	66.6	67.6	68.6	69.6	70.6	71.6
12	62.2	63.2	64.2	65.2	66.2	67.2	68.2	69.2	70.2	71.2
13	61.8	62.8	63.8	64.8	65.8	66.8	67.8	68.8	69.8	70.8
14	61.4	62.4	63.4	64.4	65.4	66.4	67.4	68.4	69.4	70.4
15	61	62	63	64	65	66	67	68	69	70
16	60.6	61.6	62.6	63.6	64.6	65.6	66.6	67.6	68.6	69.6
17	60.2	61.2	62.2	63.2	64.2	65.2	66.2	67.2	68.2	69.2
18	59.8	60.8	61.8	62.8	63.8	64.8	65.8	66.8	67.8	68.8
19	59.4	60.4	61.4	62.5	63.5	64.5	65.5	66.5	67.5	68.5
20	59	60	61	62	63	64	65.1	66.1	67.1	68.1
21	58.6	59.6	60.7	61.7	62.7	63.7	64.7	65.7	66.7	67.7
22	58.2	59.2	60.3	61.3	62.5	63.3	64.3	65.3	66.3	67.3
23	57.8	58.8	59.8	60.9	61.9	62.9	63.9	64.9	65.9	66.9
24	57.4	58.4	59.4	60.5	61.5	62.5	63.5	64.5	65.5	66.5
25	57	58	59	60.1	61.1	62.1	63.1	64.1	65.1	66.1
26	56.6	57.6	58.6	59.6	60.7	61.7	62.7	63.7	64.7	65.7
27	56.2	57.2	58.3	59.3	60.3	61.3	62.3	63.3	64.3	65.3
28	55.8	56.8	57.8	58.8	59.9	60.9	61.9	62.9	63.9	64.9
29	55.4	56.4	57.4	58.5	59.5	60.5	61.5	62.5	63.5	64.5
30	55	56	57.1	58.1	59.1	60.1	61.1	62.1	63.1	64.1

— 59 —

temp.	71°	72°	73°	74°	75°	76°	77°	78°	79°	80°
0°	76.6	77.6	78.6	79.6	80.6	81.6	82.6	83.6	84.5	85.5
1	76.2	77.2	78.2	79.2	80.2	81.2	82.2	83.2	84.2	85.1
2	75.9	76.9	77.9	78.9	79.9	80.9	81.9	82.9	83.8	84.7
3	75.5	76.5	77.5	78.5	79.5	80.5	81.5	82.5	83.4	84.4
4	75.1	76.1	77.1	78.1	79.1	80.1	81.1	82.1	83	84
5	74.8	75.7	76.7	77.7	78,7	79.7	80.7	81.7	82.7	83.7
6	74.4	75.3	76.3	77.3	78.3	79.3	80.3	81.3	82.5	83.3
7	74	75.	76.	77	78	79.	80	81	82	82.9
8	73.6	74.6	75.6	76.6	77.6	78.6	79.6	80.6	81.6	82.6
9	73.3	74.2	75.2	76.2	77.2	78.2	79.2	80.2	81.2	82.2
10	72.9	73.9	74.9	75.9	76.9	77.9	78.9	79.9	80.9	81.9
11	72.6	73.5	74.5	75.5	76.5	77.5	78.5	79.5	80.5	81.5
12	72.2	73.1	74.1	75.1	76.1	77.1	78.1	79.1	80.1	81.1
13	71.8	72.8	73.8	74.8	75.8	76.8	77.8	78.8	79.8	80.8
14	71.4	72,4	73.4	74.4	75.4	76.4	77.4	78.4	79.4	80.4
15	71	72	73	74	75	76	77	78	79	80
16	70.6	71.6	72.6	73.6	74.6	75.6	76.6	77.6	78.6	79.6
17	70.2	71.2	72.2	73.2	74,2	75.2	76.2	77.2	78.2	79.2
18	69.8	70.8	71.8	72.8	73.8	74.9	75.9	76.9	77.9	78.9
19	69.5	70.5	71.5	72.5	73.5	74.5	75.5	76.5	77.5	78.5
20	69.1	70.1	71.1	72.1	73.1	74.1	75.1	76.1	77.1	78.1
21	68.7	69.7	70.7	71.7	72.7	73.7	74.7	75.8	76.8	77.8
22	68.3	69.3	70.3	71.3	72.3	73.3	74.3	75.4	76.4	77,4
23	67.9	68.9	70.	71.	72	73	74	75	76	77.
24	67.5	68.5	69.6	70.6	71.6	72.6	73.6	74.6	75.6	76.6
25	67.1	68.1	69.2	70.2	71.2	72.2	73.2	74.2	75.3	76.3
26	66.7	67.7	68.8	69.8	70.8	71.8	72.8	73.8	74.8	75.9
27	66.3	67.5	68.4	69.4	70.4	71.4	72,4	73.4	74.4	75,5
28	66.	67.	68.	69.1	70.1	71.1	72.1	73.1	74.1	75.1
29	65.6	66.6	67.7	68.7	69.7	70.7	71.7	72.7	73.7	74.7
30	65.2	66.2	67.3	68.3	69.3	70.3	71.3	72.3	73.3	74.3

— 60 —

temp.	81°	82°	83°	84°	85°	86°	87°	88°	89°	90°
0	86.4	87.4	88.3	89.2	90.2	91.2	92.2	93.1	94	95.
1	86.1	87	88	89	89.9	90.8	91.8	92.8	93.7	94.6
2	85.7	86.6	87.6	88.6	89.6	90.5	91.5	92.4	93.4	94.5
3	85.3	86.3	87.3	88.3	89.2	90.2	91.2	92.1	93	94.
4	85	86	87.	88.	88.9	89.9	90.8	91.8	92.7	93.7
5	84.7	85.6	86.6	87.6	88.5	89.5	90.5	91.4	92.4	93.3
6	84.3	85.3	86.3	87.3	88.2	89.2	90.1	91.	92	93.
7	83.9	84.9	85.9	86.9	87.9	88.8	89.8	90.7	91.7	92.6
8	83.6	84.6	85.6	86.5	87.5	88.5	89.4	90.4	91.5	92.3
9	83.2	84.2	85.2	86.2	87.1	88.1	89.1	90.	91	92
10	82.8	83.8	84.8	85.8	86.8	87.8	88.7	89.7	90.7	91.7
11	82.5	83.4	84.4	85.4	86.4	87.4	88.4	89.4	90.4	91.4
12	82.1	83.1	84.1	85.	86	87.	88.	89	90	91.
13	81.8	82.8	83.8	84.8	85.7	86.7	87.7	88.7	89.7	90.7
14	81.4	82.4	83.4	84.4	85.4	86.4	87.4	88.5	89.3	90.3
15	81	82	83.	84.	85	86	87	88	89	90.
16	80.6	81.6	82.6	83.6	84.6	85.6	86.6	87.6	88.6	89.6
17	80.2	81.2	82.2	83.2	84.2	85.2	86.2	87.2	88.2	89.3
18	79.9	80.9	81.9	82.9	83.9	84.9	85.9	86.9	87.9	88.9
19	79.5	80.5	81.6	82.6	83.6	84.6	85.6	86.6	87.6	88.6
20	79.1	80.1	81.2	82.2	83.2	84.2	85.2	86.2	87.2	88.2
21	78.7	79.7	80.8	81.8	82.8	83.8	84.8	85.9	86.9	87.9
22	78.4	79.4	80.4	81.4	82.4	83.4	84.4	85.5	86.5	87.6
23	78	79	80.1	81.1	82.1	83.1	84.1	85.1	86.1	87.2
24	77.6	78.6	79.7	80.7	81.7	82.7	83.7	84.7	85.7	86.8
25	77.3	78.3	79.3	80.3	81.3	82.3	83.4	84.4	85.4	86.5
26	76.9	77.9	78.9	79.9	80.9	81.9	82.9	84.	85	86.1
27	76.5	77.5	78.5	79.5	80.5	81.6	82.6	83.6	84.7	85.7
28	76.1	77.1	78.2	79.2	80.2	81.3	82.3	83.5	84.3	85.4
29	75.7	76.8	77.8	78.8	79.8	80.9	81.9	83.	84	85.
30	75.3	76.4	77.4	78.4	79.4	80.5	81.5	82.6	83.6	84.7

temp.	91c	92c	93c	94c	95c	96	97c	98°	99°	100
0	95.9	96.8	97.7	98.6	99.5	100.3	101.2			
1	95.6	96.5	97.4	98.3	99.2	100	100.9			
2	95.2	96.1	97.	97.9	98.9	99.8	100.7			
3	94.9	95.8	96.7	97.7	98.6	99.5	100.4			
4	94.6	95.5	96.4	97.4	98.3	99.2	100.1	101		
5	94.5	95.2	96.2	97.1	98	98.9	99.8	100,7		
6	93.9	94.9	95.9	96.8	97.7	98.7	99.6	100.5		
7	93.6	94.6	95.6	96.5	97.4	98.4	99.3	100.2		
8	93.3	94.3	95.3	96.2	97.1	98.1	99	99.9		
9	93	94	95	95.9	96.8	97.8	98.7	99.7	100.	
10	92.7	93.7	94.7	95.6	96.5	97.5	98.5	99.4	100.4	
11	92.4	93.3	94.3	95.3	96.2	97.2	98.2	99.1	100.1	
12	92	93	94	95	95.9	96.9	97.9	98.8	99.8	
13	91.7	92.7	93,7	94,6	95.6	96.6	97.6	98.6	99.5	
14	91.3	92.3	93.3	94.3	95.3	96.3	97.3	98.3	99,3	
15	91	92	93	94	95	96	97	98	99	100
16	90.7	91.7	92.7	93.7	94.7	95.7	96.7	97.7	98.7	99.7
17	90.3	91.3	92.4	93.4	94.4	95.4	96.4	97.4	98,5	99.5
18	89.9	91	92	93	94	95.1	96.1	97.1	98.2	99.2
19	89.6	90.7	91.7	92.7	93,7	94.8	95.8	96.9	97.9	98.9
20	89.2	90.3	91.3	92.4	93.4	94.5	95.5	96.6	97.6	98.6
21	88.9	90	91	92	93.1	94.1	95.2	96.3	97.3	98.4
22	88.6	89.6	90.7	91.8	92.8	93.9	94.9	96	97	98.1
23	88.3	89.3	90.4	91.4	92.4	93.5	94.6	95.7	96.7	97.8
24	87.9	88.9	90.	91.1	92.1	93.2	94.3	95.3	96.4	97,5
25	87.5	88.6	89.7	90.7	91.8	92.9	93.9	95	96.1	97.2
26	87.2	88.2	89.3	90.4	91.5	92.5	93.6	94.7	95.8	97
27	86.8	87.9	89	90	91.1	92.2	93.3	94.4	95.5	96.7
28	86.5	87.5	88.6	89.7	90.8	91.9	93	94.1	95.2	96.4
29	86.1	87.2	88.2	89.3	90.4	91.6	92.7	93.8	94.9	96.1
30	85.8	86.9	87.9	89	90.1	91.2	92.4	93.5	94.6	95.8

TABLE CINQUIÈME

DONNANT

LE RÉSULTAT DE L'ALCOOL

Obtenu de la Multiplication des spiritueux par leurs dégrés.

— 63 —

Volume du spiritueux	QUANTITÉ D'ALCOOL QU'IL REPRÉSENTE													
	de 35	de 41	de 42	de 43	de 44	de 45	de 46	de 47	de 48	de 49	de 50	de 51	de 52	de 53	de 54
01	003	004	004	004	004	004	004	004	004	004	005	005	005	005	005
02	007	008	008	008	008	009	009	009	009	009	010	010	010	010	010
03	010	012	012	012	013	013	013	014	014	014	015	015	015	015	016
04	014	016	016	017	017	018	018	018	019	019	020	020	020	021	021
05	017	020	021	021	022	022	023	023	024	024	025	025	026	026	027
06	021	024	025	025	026	027	027	028	028	029	030	030	031	031	032
07	024	028	029	030	030	031	032	032	033	054	035	035	036	037	037
08	028	032	033	034	035	036	036	037	038	039	040	040	041	042	043
09	031	036	037	038	039	040	041	042	043	044	045	045	046	047	048
10	035	041	042	043	044	045	046	047	048	049	050	051	052	053	054
11	038	045	046	047	048	049	050	051	052	053	055	056	057	058	059
12	042	049	050	051	052	054	055	056	057	058	060	061	062	063	064
13	045	053	054	055	057	058	059	061	062	063	065	066	067	068	070
14	049	057	058	060	061	063	064	065	067	068	070	071	072	074	075
15	052	061	063	064	066	067	069	070	072	073	075	076	078	079	081
16	056	065	067	068	070	072	075	075	076	078	080	081	083	084	086
17	059	069	071	073	074	076	078	079	081	083	085	086	088	090	091
18	063	073	075	077	079	081	082	084	086	088	090	091	093	095	097
19	066	077	079	081	083	085	087	089	091	093	095	096	098	100	102
20	070	082	084	086	088	090	092	094	096	098	100	102	104	106	108
21	073	086	088	090	092	094	096	098	100	102	105	107	109	111	113
22	077	090	092	094	096	099	101	103	105	107	110	112	114	116	118
23	080	094	096	098	101	103	105	108	110	112	115	117	119	121	124
24	084	098	100	103	105	108	110	112	115	117	120	122	124	127	129
25	087	102	105	107	110	112	115	117	120	122	125	127	130	132	135
26	091	106	109	111	114	117	119	122	124	127	130	132	135	137	140
27	094	110	113	116	118	121	124	126	129	132	135	137	140	143	145
28	098	114	117	120	123	126	128	131	134	137	140	142	145	148	151
29	101	118	121	124	127	130	133	136	139	142	145	147	150	153	156
30	105	123	126	129	132	135	138	141	144	147	150	153	156	159	162
31	108	127	130	133	136	139	142	145	148	151	155	158	161	164	167
32	112	131	134	137	140	144	147	150	153	156	160	163	166	169	172
33	115	135	138	141	145	148	151	155	158	161	165	168	171	174	178
34	119	139	142	146	149	153	156	159	163	166	170	173	176	180	183
35	122	143	147	150	154	157	161	164	168	171	175	178	182	185	189
36	126	147	151	154	158	162	165	169	172	176	180	183	187	190	194
37	129	151	155	159	162	166	170	173	177	181	185	188	192	196	199
38	135	155	159	163	167	171	174	178	182	186	190	193	197	201	205
39	136	159	163	167	171	175	179	183	187	191	195	198	202	206	210
40	140	164	168	172	176	180	184	188	192	196	200	204	208	212	216
41	143	168	172	176	180	184	188	192	196	200	205	209	213	217	221

AUX DEGRÉS CENTÉSIMAUX.

Volume du spiritueux	de 55	de 56	de 57	de 58	de 59	de 60	de 71	de 72	de 73	de 82	de 83	de 84	de 85	de 86
01	005	005	005	005	005	006	007	007	007	008	008	008	008	008
02	011	011	011	011	011	012	014	014	014	016	016	016	017	017
03	016	016	017	017	017	018	021	021	021	024	024	025	025	025
04	022	022	022	023	023	024	028	028	029	032	033	033	034	034
05	027	028	028	029	029	030	035	036	036	041	041	042	042	043
06	033	033	034	034	035	036	042	043	043	049	049	050	051	051
07	038	039	039	040	041	042	049	050	051	057	058	058	059	060
08	044	044	045	046	047	048	056	057	058	065	066	067	068	068
09	049	050	051	052	053	054	063	064	065	073	074	075	076	077
10	055	056	057	058	059	060	071	072	073	082	083	084	085	086
11	060	061	062	063	064	066	078	079	080	090	091	092	093	094
12	066	067	068	069	070	072	085	086	087	098	099	100	102	103
13	071	072	074	075	076	078	092	093	094	106	107	109	110	111
14	077	078	079	081	082	084	099	100	102	114	116	117	119	120
15	082	084	085	087	088	090	106	108	109	123	124	126	127	129
16	088	089	091	092	094	096	113	115	116	131	132	134	136	137
17	093	095	096	098	100	102	120	122	124	139	141	142	144	144
18	099	100	102	104	106	108	127	129	131	147	149	151	153	154
19	104	106	108	110	112	114	134	136	138	155	157	159	161	163
20	110	112	114	116	118	120	142	144	146	164	166	168	170	172
21	115	117	119	121	123	126	149	151	153	172	174	176	178	180
22	121	123	125	127	129	132	156	158	160	180	182	184	187	189
23	126	128	131	133	135	138	163	165	167	188	190	193	195	197
24	132	134	136	139	141	144	170	172	175	196	199	201	204	206
25	137	140	142	145	147	150	177	180	182	205	207	210	212	215
26	143	145	148	150	153	156	184	187	189	213	215	218	221	223
27	148	151	153	156	159	162	191	194	197	221	224	226	229	232
28	154	156	159	162	165	168	198	201	204	229	232	235	238	240
29	159	162	165	168	171	174	205	208	211	237	240	243	246	249
30	165	168	171	174	177	180	215	216	219	246	249	252	255	258
31	170	173	176	179	182	186	220	223	226	254	257	260	263	266
32	176	179	182	185	188	192	227	230	233	262	265	268	272	275
33	181	184	188	191	194	198	234	237	240	270	275	277	280	283
34	187	190	193	197	200	204	241	244	248	278	282	285	289	292
35	192	196	199	203	206	210	248	252	255	287	290	294	297	301
36	198	201	205	208	212	216	255	259	262	295	298	302	306	309
37	203	207	210	214	218	222	262	266	270	303	307	310	314	318
38	209	212	216	220	224	228	269	273	277	311	315	319	323	326
39	214	218	222	226	230	234	276	280	284	319	323	327	331	335
40	220	224	228	232	236	240	284	288	292	328	332	336	340	344
41	225	229	233	237	241	246	291	295	299	336	340	344	348	352

QUANTITÉ D'ALCOOL QU'IL REPRÉSENTE
AUX DEGRÉS CENTÉSIMAUX.

Volume du spiritueux	de 87	de 88	de 89	de 90	de 91	de 92	de 93	Vol. du spir.	de 35	de 41	de 42	de 43	de 44	de 45	de 46
01	008	008	008	009	009	009	009	42	147	172	176	180	184	189	193
02	017	017	017	018	018	018	018	43	150	176	180	184	189	193	197
03	026	026	026	027	027	027	027	44	154	180	184	189	193	198	202
04	034	035	035	036	036	036	037	45	157	184	189	193	198	202	207
05	043	044	044	045	045	046	046	46	161	188	193	197	202	207	211
06	052	052	053	054	054	055	055	47	164	192	197	202	206	211	216
07	060	061	062	063	063	064	065	48	168	196	202	206	211	216	220
08	069	070	071	072	072	073	074	49	171	200	206	210	215	220	225
09	078	079	080	081	081	082	085	50	175	205	210	215	220	225	230
10	087	088	089	090	091	092	093	51	178	209	214	219	224	229	234
11	095	096	097	099	100	101	102	52	182	213	218	223	228	234	239
12	104	105	106	108	109	110	111	53	185	217	222	227	233	238	243
13	113	114	115	117	118	119	120	54	189	221	226	232	237	243	248
14	121	123	124	126	127	128	130	55	192	225	231	236	242	247	253
15	130	132	133	135	136	138	139	56	196	229	235	240	246	252	257
16	139	140	142	144	145	147	148	57	199	233	239	245	250	256	262
17	147	149	151	153	154	156	158	58	203	237	243	249	255	261	266
18	156	158	160	162	163	165	167	59	206	241	247	253	260	265	271
19	165	167	169	171	172	174	176	60	210	246	252	258	264	270	276
20	174	176	178	180	182	184	186	61	213	250	256	262	268	274	280
21	182	184	186	189	191	193	195	62	217	254	260	266	272	279	285
22	191	193	195	198	200	202	204	63	220	258	264	270	277	283	289
23	200	202	204	207	209	211	213	64	224	262	268	275	281	288	294
24	208	211	213	216	218	220	223	65	227	266	273	279	286	292	299
25	217	220	222	225	227	230	232	66	231	270	277	283	290	297	303
26	226	228	231	234	236	239	241	67	234	274	281	288	294	301	308
27	234	237	240	243	245	248	251	68	238	278	285	292	299	306	312
28	243	246	249	252	254	257	260	69	241	282	289	296	303	310	317
29	252	255	258	261	263	266	269	70	245	287	294	301	308	315	322
30	261	264	267	270	273	276	279	71	248	291	298	305	312	319	326
31	269	272	275	279	282	285	288	72	252	295	302	309	316	324	331
32	275	281	284	288	291	294	297	73	255	299	306	313	321	328	335
33	287	290	293	297	300	303	306	74	259	303	310	318	325	333	340
34	295	299	302	306	309	312	316	75	262	307	315	322	330	337	345
35	304	308	311	315	318	322	325	76	266	311	319	326	334	342	349
36	313	316	320	324	327	331	334	77	269	315	323	331	338	346	354
37	321	325	329	333	336	340	344	78	273	319	327	335	343	351	358
38	330	334	338	342	345	349	353	79	276	323	331	339	347	355	363
39	339	343	347	351	354	358	362	80	280	328	336	344	352	360	368
40	348	352	356	360	364	368	372	81	283	332	340	348	356	364	372
41	356	360	364	369	373	377	381	82	287	336	344	352	360	369	377

QUANTITÉ D'ALCOOL QU'IL REPRÉSENTE AUX DEGRÉS CENTÉSIMAUX.

Volume du spiritueux	de 47	de 48	de 49	de 50	de 51	de 52	de 53	de 54	de 55	de 56	de 57	de 58	de 59	de 60	de 71	de 72	de 73	de 82	de 83	de 84	de 85	de 86	de 87	de 88	de 89	de 90	de 91	de 92	de 93
42	197	201	205	210	214	218	222	226	231	235	239	243	247	252	298	302	306	344	348	352	357	361	365	369	373	378	382	386	390
43	202	206	210	215	219	223	227	232	236	240	245	249	253	258	305	309	313	352	356	361	365	369	374	378	382	387	391	395	399
44	206	211	215	220	224	228	233	237	242	246	250	255	259	264	312	316	321	360	365	369	374	378	382	387	391	396	400	404	409
45	211	216	220	225	229	234	238	243	247	252	256	261	265	270	319	324	328	369	373	378	382	387	391	396	400	405	409	414	418
46	216	220	225	230	234	239	243	248	253	257	262	266	271	276	326	331	335	377	381	386	391	395	400	404	409	414	418	423	427
47	220	225	230	235	239	244	249	253	258	263	267	272	277	282	335	338	343	385	390	394	399	404	408	413	418	423	427	432	437
48	225	230	235	240	244	249	254	259	264	268	273	278	283	288	340	345	350	393	398	403	408	412	417	422	427	432	436	441	446
49	230	235	240	245	249	254	259	264	269	274	279	284	289	294	347	352	357	401	406	411	416	421	426	431	436	441	445	450	455
50	235	240	245	250	255	260	265	270	275	280	285	290	295	300	355	360	365	410	415	420	425	430	435	440	445	450	455	460	465
51	239	244	249	255	260	265	270	275	280	285	290	295	300	306	362	367	372	418	423	428	435	438	443	448	453	459	464	469	474
52	244	249	254	260	265	270	275	280	286	291	296	301	306	312	369	374	379	426	431	436	442	447	452	457	462	468	473	478	485
53	249	254	259	265	270	275	280	286	291	296	302	307	312	318	376	381	386	434	439	445	450	455	461	466	471	477	482	487	492
54	253	259	264	270	275	280	286	291	297	302	307	313	318	324	383	388	394	442	448	453	459	464	469	475	480	486	491	496	502
55	258	264	269	275	280	286	291	297	302	308	313	319	324	330	390	396	401	451	456	462	467	473	478	484	489	495	500	506	511
56	264	269	275	280	286	291	297	302	308	313	319	324	330	336	397	403	408	459	464	470	476	481	487	492	498	504	509	515	520
57	267	273	279	285	290	296	302	307	313	319	324	330	336	342	404	410	416	467	473	478	484	490	495	501	507	513	518	524	530
58	272	278	284	290	295	301	307	313	319	324	330	336	342	348	411	417	423	475	481	487	493	498	504	510	516	522	527	533	539
59	277	283	289	295	300	306	312	318	324	330	336	342	348	354	418	424	430	483	489	495	501	507	513	519	525	531	538	542	548
60	282	288	294	300	306	312	318	324	330	336	342	348	354	360	426	432	438	492	498	504	510	516	522	528	534	540	546	552	558
61	286	292	298	305	311	317	323	329	335	341	347	353	359	366	433	439	445	500	506	512	518	524	530	536	542	549	555	561	567
62	291	297	303	310	316	322	328	334	341	347	353	359	365	372	440	446	452	508	514	520	527	533	539	545	551	558	564	570	576
63	296	302	308	315	321	327	333	340	346	352	359	365	371	378	447	453	459	516	522	529	535	541	548	554	560	567	573	579	585
64	300	307	313	320	326	332	339	345	352	358	364	371	377	384	454	460	467	524	531	537	544	550	556	563	569	576	582	588	595
65	305	312	318	325	331	338	344	351	357	364	370	377	383	390	461	468	474	533	540	546	552	559	565	572	578	585	591	598	604
66	310	316	323	330	336	343	349	356	363	369	376	382	389	396	468	475	481	541	547	554	561	567	574	580	587	594	600	607	613
67	314	321	328	335	341	348	355	361	368	375	381	388	395	402	475	482	489	549	556	562	569	576	582	589	596	603	609	616	623
68	319	326	333	340	346	353	360	367	374	380	387	394	401	408	482	489	496	557	564	571	578	584	591	598	605	612	618	625	632
69	324	331	338	345	351	358	365	372	379	386	393	400	407	414	489	496	503	565	572	579	586	593	600	607	614	621	627	634	641
70	329	336	343	350	357	364	371	378	385	392	399	406	413	420	497	504	511	574	581	588	595	602	609	616	623	630	637	644	651
71	333	340	347	355	362	369	376	383	390	397	404	411	418	426	504	511	518	582	589	596	603	610	617	624	631	638	646	653	660
72	338	345	352	360	367	374	381	388	396	403	410	417	424	432	511	518	525	590	597	604	612	619	626	635	640	648	655	662	669
73	343	350	357	365	372	379	386	394	401	408	416	423	430	438	518	525	532	598	605	613	620	627	635	642	649	657	664	671	678
74	347	355	362	370	377	385	392	399	407	414	422	429	436	444	525	532	540	606	614	621	629	636	643	651	658	666	673	680	688
75	352	360	367	375	382	390	397	405	412	420	427	435	442	450	532	540	547	615	622	630	637	645	652	660	666	675	682	690	697
76	357	364	372	380	387	395	403	410	418	425	433	440	448	456	540	547	554	623	630	638	646	653	661	666	676	684	691	699	706
77	361	369	377	385	392	400	408	415	423	431	438	446	454	462	555	561	569	639	647	655	663	670	678	686	694	702	709	717	725
78	366	374	382	390	397	405	413	421	429	436	444	452	460	468	560	574	576	639	647	655	663	670	678	686	694	703	714	718	726	734
79	371	379	387	395	402	410	418	426	434	442	450	458	466	474	568	576	584	656	664	672	680	688	696	704	712	720	728	736	744
80	376	384	392	400	408	416	424	432	440	448	456	464	472	480	575	583	591	664	672	680	688	696	704	712	720	729	737	745	755
81	380	388	396	405	413	421	429	437	445	453	461	469	477	486	582	590	598	672	680	688	697	705	715	721	729	738	746	754	762
82	385	393	401	410	418	426	434	442	451	459	467	475	483	492															

QUANTITÉ D'ALCOOL QU'IL REPRÉSENTE

Volume de spiritueux	de 35	de 41	de 42	de 43	de 44	de 45	de 46	de 47	de 48
83	290	340	348	350	365	373	381	390	398
84	294	344	352	361	369	378	386	394	403
85	297	348	357	365	374	382	391	399	408
86	301	352	361	369	378	387	395	404	412
87	304	356	365	374	382	391	400	408	417
88	308	360	369	378	387	396	404	413	422
89	311	364	373	382	391	400	409	418	427
90	315	369	378	387	396	405	414	423	432
91	318	373	382	391	400	409	418	427	436
92	322	377	386	395	404	414	423	432	441
93	325	381	390	399	409	418	427	437	446
94	329	385	394	404	413	423	432	441	451
95	332	389	399	408	418	427	437	446	456
96	336	393	403	412	422	432	441	451	460
97	339	397	407	417	426	436	446	455	465
98	343	401	411	421	431	441	450	460	470
99	346	405	415	425	435	445	455	465	475
1·00	350	410	420	430	440	450	460	470	480
2·00	700	820	840	860	880	900	920	940	960
3·00	1.050	1.230	1.260	1.290	1.320	1.350	1.380	1.410	1.440
4·00	1.400	1.640	1.680	1.720	1.760	1.800	1.840	1.880	1.920
5·00	1.750	2.050	2.100	2.150	2.200	2.250	2.300	2.350	2.400
6·00	2.100	2.460	2.520	2.580	2.640	2.700	2.760	2.820	2.880
7·00	2.450	2.870	2.940	3.010	3.080	3.150	3.220	3.290	3.360
8·00	2.800	3.280	3.360	3.440	3.520	3.600	3.680	3.760	3.840
9·00	3.150	3.690	3.780	3.870	3.960	4.050	4.140	4.230	4.320
10·00	3.500	4.100	4.200	4.300	4.400	4.500	4.600	4.700	4.800
11·00	3.850	4.510	4.620	4.730	4.840	4.950	5.060	5.170	5.280
12·00	4.200	4.920	5.040	5.160	5.280	5.400	5.520	5.640	5.760
13·00	4.550	5.330	5.460	5.590	5.720	5.850	5.980	6.110	6.240
14·00	4.900	5.740	5.880	6.020	6.160	6.300	6.440	6.580	6.720
15·00	5.250	6.150	6.300	6.450	6.600	6.750	6.900	7.050	7.200
16·00	5.600	6.560	6.720	6.880	7.040	7.200	7.360	7.520	7.680
17·00	5.950	6.970	7.140	7.310	7.480	7.650	7.820	7.990	8.160
18·00	6.300	7.380	7.560	7.740	7.920	8.100	8.280	8.460	8.640
19·00	6.650	7.790	7.980	8.170	8.360	8.550	8.740	8.930	9.120
20·00	7.000	8.200	8.400	8.600	8.800	9.000	9.200	9.400	9.600
25·00	8.750	10.250	10.500	10.750	11.000	11.250	11.500	11.750	12.000
30·00	10.500	12.300	12.600	12.900	13.200	13.500	13.800	14.100	14.400
40·00	14.000	16.400	16.800	17.200	17.600	18.000	18.400	18.800	19.200
50·00	17.500	20.500	21.000	21.500	22.000	22.500	23.000	23.500	24.000

AUX DEGRÉS CENTÉSIMAUX

	de 49	de 50	de 51	de 52	de 53	de 54	de 55	de 56	de 57
83	406	415	423	431	439	448	456	464	473
84	411	420	428	436	445	453	462	470	478
85	416	425	433	442	450	459	467	476	484
86	421	430	438	447	455	464	472	481	490
87	426	435	443	452	461	469	478	487	495
88	431	440	448	457	466	475	484	492	501
89	436	445	453	462	471	480	489	498	507
90	441	450	459	468	477	486	495	504	513
91	445	455	464	473	482	491	500	509	518
92	450	460	469	478	487	496	505	515	524
93	455	465	474	483	492	502	511	520	530
94	460	470	479	488	498	507	517	526	535
95	465	475	484	494	503	515	522	532	541
96	470	480	489	499	508	518	528	537	547
97	475	485	494	504	514	523	533	543	552
98	480	490	499	509	519	529	539	548	558
99	485	495	504	514	524	534	544	554	564
1·00	490	500	510	520	530	540	550	560	570
2·00	980	1.000	1.020	1.040	1.060	1.080	1.100	1.120	1.140
3·00	1.470	1.500	1.530	1.560	1.590	1.620	1.650	1.680	1.710
4·00	1.960	2.000	2.040	2.080	2.120	2.160	2.200	2.240	2.280
5·00	2.450	2.500	2.550	2.600	2.650	2.700	2.750	2.800	2.850
6·00	2.940	3.000	3.060	3.120	3.180	3.240	3.300	3.360	3.420
7·00	3.430	3.500	3.570	3.640	3.710	3.780	3.850	3.920	3.990
8·00	3.920	4.000	4.080	4.160	4.240	4.320	4.400	4.480	4.560
9·00	4.410	4.500	4.590	4.680	4.770	4.860	4.950	5.040	5.130
10·00	4.900	5.000	5.100	5.200	5.300	5.400	5.500	5.600	5.700
11·00	5.390	5.500	5.610	5.720	5.830	5.940	6.050	6.160	6.270
12·00	5.880	6.000	6.120	6.240	6.360	6.480	6.600	6.720	6.840
13·00	6.370	6.500	6.630	6.760	6.890	7.020	7.150	7.280	7.410
14·00	6.860	7.000	7.140	7.280	7.420	7.560	7.700	7.840	7.980
15·00	7.350	7.500	7.650	7.800	7.950	8.100	8.250	8.400	8.550
16·00	7.840	8.000	8.160	8.320	8.480	8.640	8.800	8.960	9.120
17·00	8.330	8.500	8.670	8.840	9.010	9.180	9.350	9.520	9.690
18·00	8.820	9.000	9.180	9.360	9.540	9.720	9.900	10.080	10.260
19·00	9.310	9.500	9.690	9.880	10.070	10.260	10.450	10.640	10.830
20·00	9.800	10.000	10.200	10.400	10.600	10.800	11.000	11.200	11.400
25·00	12.250	12.500	12.750	13.000	13.250	13.500	13.750	14.000	14.250
30·00	14.700	15.000	15.300	15.600	15.900	16.200	16.500	16.800	17.100
40·00	19.600	20.000	20.400	20.800	21.200	21.600	22.000	22.400	22.800
50·00	24.500	25.000	25.500	26.000	26.500	27.000	27.500	28.000	28.500

QUANTITÉ D'ALCOOL QU'IL REPRÉSENTE

Volume du spiritueux	de 58	de 59	de 60	de 71	de 72	de 73	de 82	de 83	de 84
83	481	489	498	589	597	605	680	688	697
84	487	495	504	596	604	613	688	697	705
85	493	501	510	603	612	620	697	706	714
86	498	507	516	610	619	627	705	715	722
87	504	515	522	617	626	635	713	722	730
88	510	519	528	624	635	642	721	730	739
89	516	525	534	631	640	649	729	738	747
90	522	531	540	639	648	657	738	747	756
91	527	536	546	646	655	664	746	755	764
92	533	542	552	655	662	671	754	763	773
93	539	548	558	660	669	678	762	771	781
94	545	554	564	667	676	686	770	780	789
95	551	560	570	674	684	693	779	788	798
96	556	566	576	681	691	700	787	796	806
97	562	572	582	688	698	708	795	805	814
98	568	578	588	695	705	715	805	813	823
99	574	584	594	702	712	722	811	821	831
1.00	580	590	600	710	720	730	820	830	840
2.00	1.160	1.180	1.200	1.420	1.440	1.460	1.640	1.660	1.680
3.00	1.740	1.770	1.800	2.136	2.160	2.190	2.460	2.490	2.520
4.00	2.320	2.360	2.400	2.840	2.880	2.920	3.280	3.320	3.360
5.00	2.900	2.950	3.000	3.550	3.600	3.650	4.100	4.150	4.200
6.00	3.480	3.540	3.600	4.260	4.320	4.580	4.920	4.980	5.040
7.00	4.060	4.130	4.200	4.970	5.040	5.110	5.740	5.810	5.880
8.00	4.640	4.720	4.800	5.690	5.760	5.840	6.560	6.640	6.720
9.00	5.220	5.310	5.400	6.390	6.480	6.570	7.380	7.470	7.560
10.00	5.800	5.900	6.000	7.100	7.200	7.300	8.200	8.300	8.400
11.00	6.380	6.490	6.600	7.810	7.920	8.030	9.020	9.130	9.240
12.00	6.960	7.080	7.200	8.520	8.640	8.760	9.840	9.960	10.080
13.00	7.540	7.670	7.800	9.230	9.360	9.490	10.660	10.790	10.920
14.00	8.120	8.260	8.400	9.940	10.080	10.220	11.480	11.620	11.760
15.00	8.700	8.850	9.000	10.650	10.800	10.950	12.300	12.450	12.600
16.00	9.280	9.440	9.600	11.360	11.520	11.680	13.120	13.280	13.440
17.00	9.860	10.030	10.200	12.070	12.240	12.410	13.940	14.110	14.280
18.00	10.440	10.620	10.800	12.780	12.960	13.140	14.760	14.940	15.120
19.00	11.020	11.210	11.400	13.490	13.680	13.870	15.580	15.770	15.960
20.00	11.600	11.800	12.000	14.200	14.400	14.600	16.400	16.600	16.800
25.00	14.500	14.750	15.000	17.750	18.000	18.250	20.500	20.750	21.000
30.00	17.400	17.700	18.000	21.300	21.600	21.900	24.600	24.900	25.200
40.00	23.200	23.600	24.000	28.400	28.800	29.200	32.800	33.200	33.600
50.00	29.000	29.500	30.000	35.500	36.000	36.500	41.000	41.500	42.000

AUX DEGRÉS CENTÉSIMAUX.

de 85	de 86	de 87	de 88	de 89	de 90	de 91	de 92	de 93
705	713	722	730	738	747	755	763	774
714	722	730	739	747	756	764	772	781
722	731	739	748	756	765	773	782	790
731	739	748	756	765	774	782	791	799
739	748	756	765	774	785	791	800	809
748	756	765	774	783	792	800	809	818
756	765	774	783	792	801	809	818	827
765	774	785	792	801	810	819	828	837
773	782	791	800	809	819	828	837	846
782	791	800	809	818	828	837	846	855
790	799	809	818	827	837	846	855	864
799	808	817	827	836	846	855	864	874
807	817	826	836	845	855	864	874	883
816	825	835	845	854	864	873	883	892
824	834	843	854	863	873	882	892	902
833	842	852	862	872	882	891	901	911
841	851	861	871	881	891	900	910	920
850	860	870	880	890	900	910	920	930
1.700	1.720	1.740	1.760	1.780	1.800	1.820	1.840	1.860
2.550	2.580	2.610	2.640	2.670	2.700	2.730	2.760	2.790
3.400	3.440	3.480	3.520	3.560	3.600	3.640	3.680	3.720
4.250	4.300	4.350	4.400	4.450	4.500	4.550	4.600	4.650
5.100	5.160	5.220	5.280	5.340	5.400	5.460	5.520	5.580
5.950	6.020	6.090	6.160	6.230	6.300	6.370	6.440	6.510
6.800	6.880	6.960	7.040	7.120	7.200	7.280	7.360	7.440
7.650	7.740	7.830	7.920	8.010	8.100	8.190	8.280	8.370
8.500	8.600	8.700	8.800	8.900	9.000	9.100	9.200	9.300
9.350	9.460	9.570	9.680	9.790	9.900	10.010	10.120	10.250
10.200	10.320	10.440	10.560	10.680	10.800	10.920	11.040	11.160
11.050	11.180	11.310	11.440	11.570	11.700	11.830	11.960	12.090
11.900	12.040	12.180	12.320	12.460	12.600	12.740	12.880	13.020
12.750	12.900	13.050	13.200	13.350	13.500	13.650	13.800	13.950
13.600	13.760	13.920	14.080	14.240	14.400	14.560	14.720	14.880
14.450	14.620	14.790	14.960	15.130	15.300	15.470	15.640	15.810
15.300	15.480	15.660	15.840	16.020	16.200	16.380	16.560	16.740
16.150	16.340	16.530	16.720	16.910	17.100	17.290	17.480	17.670
17.000	17.200	17.400	17.600	17.800	18.000	18.200	18.400	18.600
21.250	21.500	21.750	22.000	22.250	22.500	22.750	23.000	23.250
25.500	25.800	26.100	26.400	26.700	27.000	27.300	27.600	27.900
34.000	34.400	34.800	35.200	35.600	36.000	36.400	36.800	37.200
42.500	43.000	43.500	44.000	44.500	45.000	45.500	46.000	46.500

TABLE DES MATIÈRES.

Avertissement, page. 4
Méthode pour reconnaître le volume de liquide restant dans les tonneaux en vidange 5
Table des segments. 6
Première Table présentant, pour toute espèce de vaisseaux, le chiffre à multiplier par la contenance totale des fûts pour reconnaître la quantité de liquide qui y est contenue. 8
Seconde Table, présentant les contenances des fûts le plus généralement adoptés dans le commerce, et les diamètres le plus en usage dans la confection des futailles. 23
Table des contenances en millilit. des vaisseaux de forme cylindrique 45
Table de richesse en alcool des liquides spiritueux, etc., etc. 51
Cinquième Table donnant le résultat de l'alcool obtenu de la multiplication des spiritueux par leurs degrés. 62

Lille. Imp. Guermonprez. — 16 Mai 1855.

www.ingramcontent.com/pod-product-compliance
Lightning Source LLC
LaVergne TN
LVHW021733080426
835510LV00010B/1241